essentials

essentials liefern aktuelles Wissen in konzentrierter Form. Die Essenz dessen, worauf es als „State-of-the-Art" in der gegenwärtigen Fachdiskussion oder in der Praxis ankommt. *essentials* informieren schnell, unkompliziert und verständlich

- als Einführung in ein aktuelles Thema aus Ihrem Fachgebiet
- als Einstieg in ein für Sie noch unbekanntes Themenfeld
- als Einblick, um zum Thema mitreden zu können

Die Bücher in elektronischer und gedruckter Form bringen das Expertenwissen von Springer-Fachautoren kompakt zur Darstellung. Sie sind besonders für die Nutzung als eBook auf Tablet-PCs, eBook-Readern und Smartphones geeignet. *essentials:* Wissensbausteine aus den Wirtschafts-, Sozial- und Geisteswissenschaften, aus Technik und Naturwissenschaften sowie aus Medizin, Psychologie und Gesundheitsberufen. Von renommierten Autoren aller Springer-Verlagsmarken.

Weitere Bände in dieser Reihe http://www.springer.com/series/13088

Silvia Schacht · Anton Reindl
Stefan Morana · Alexander Mädche

Projektwissen spielend einfach managen mit der ProjectWorld

HMD Best Paper Award 2015

Springer Vieweg

Dr. Silvia Schacht
Karlsruhe, Deutschland

Dr. Stefan Morana
Karlsruhe, Deutschland

Anton Reindl
Mannheim, Deutschland

Prof. Dr. Alexander Mädche
Karlsruhe, Deutschland

Das vorliegende Manuskript ist die überarbeitete und erweiterte Version des Artikels „Schacht, S; Reindl, A.; Morana, S; Maedche, A.: Projekterfahrungen spielend einfach mit der ProjectWorld! – Ein gamifiziertes Projektwissensmanagementsystem". HMD – Praxis der Wirtschaftsinformatik 52 (2015), 306, S. 878–890.

ISSN 2197-6708
essentials
ISBN 978-3-658-14853-9
DOI 10.1007/978-3-658-14854-6

ISSN 2197-6716 (electronic)

ISBN 978-3-658-14854-6 (eBook)

Die Deutsche Nationalbibliothek verzeichnet diese Publikation in der Deutschen National-bibliografie; detaillierte bibliografische Daten sind im Internet über http://dnb.d-nb.de abrufbar.

Springer Vieweg

Gedruckt auf säurefreiem und chlorfrei gebleichtem Papier

Springer Vieweg ist Teil von Springer Nature
Die eingetragene Gesellschaft ist Springer Fachmedien Wiesbaden GmbH

Was sie in diesem *essential* finden können

- Einen Einblick in die Herausforderungen des Wissensmanagements in Projekten sowie über die Entwicklung von Wissensmanagementsystemen
- Eine Einführung in den Trend Gamification aus praktischer und wissenschaftlicher Sicht
- Die Beschreibung der Entwicklung, Umsetzung und Evaluation eines gamifizierten Wissensmanagementsystems für Projekte

Vorwort

Der prämierte Beitrag

Die Notwendigkeit, Projekterfahrungen zu dokumentieren, um organisationales Lernen zu ermöglichen, ist weitestgehend unumstritten. Dennoch klaffen hier Einsicht und Realität weit auseinander. Vermutlich gibt es wenige Unternehmen, die in voller Zufriedenheit mit sich selbst, in diesem Themenfeld ideale Lösungsansätze gefunden haben. Insbesondere bei projektorientiert arbeitenden Unternehmen ist der Verlust an Wissen aus Projekten unmittelbar mit dem Kerngeschäft verbunden und kann sich perspektivisch zu einem erheblichen Wettbewerbsnachteil entwickeln. Dass Unternehmen hier nach wie vor händeringend nach Lösungsansätzen suchen, ist mehr als nachvollziehbar. Dass es auch immer wieder Entwicklungen gibt, die das Potenzial haben, hier neue Anknüpfungspunkte zu bieten, zeigt der prämierte Beitrag eindrucksvoll.

Die Autoren verwenden das Konzept „Gamification", d. h. die Nutzung von spielerischen Elementen, um die Anreiz- und Motivationsproblematik im Kontext von Projektwissensmanagementsystemen zu lindern. Auch wenn das Einbinden von Spielmechaniken (z. B. Punkten, Ranglisten, Fortschrittsanzeigen, Belohnungen, Feedback etc.) zur Motivationssteigerung in etlichen, zunehmend auch betrieblichen Informationssystemen bereits seit geraumer Zeit zu beobachten ist, zeigen die Autoren in ihrem Beitrag überzeugend auf, dass es nicht einfach damit getan ist, ein paar Spielelemente einzubauen. Gerade die Überbetonung des Sammelns von Punkten und des Vorankommens auf Ranglisten (sog. Pointification) kann nach kurzfristigen scheinbar positiven Effekten langfristig auch negativ wirken. Vielmehr sind Ansätze, die die Umsetzung von Geschichten vorsehen, vermutlich langfristig effektiver.

Die Autoren zeigen in ihrem Beitrag auf, wie sie in Zusammenarbeit mit einem projektorientiert tätigen Unternehmen für dieses ein gamifiziertes

Projektwissensmanagementsystem aufgebaut haben. Dabei wird deutlich, dass eine solche Lösung nur in enger Zusammenarbeit mit dem Unternehmen selbst und auf Basis wissenschaftlicher Erkenntnisse aus dem Wissensmanagement erfolgreich konzipiert und umgesetzt werden kann. Die von den Autoren verwendete Kombination aus Action und Design Science Research (Action Design Research) bietet hier gute Ansatzpunkte für die Zusammenarbeit zwischen Praxis und Wissenschaft mit der Zielsetzung, praxisrelevante Probleme zu lösen und zugleich vom konkreten Fall abstrahierbare Erkenntnisse zu erzeugen. Gerade letztere werden den Lesern dieses Beitrages den Transfer auf ihre eigenen Problemfelder erleichtern und vielleicht den einen oder anderen ermuntern, den Problemklassiker „Projektwissensmanagement" wieder mit neuen Ideen aufzugreifen.

Unseren prämierten Beitragsautoren ist zu danken, dass sie mit ihrem Beitrag ein originelles, erkenntnisreiches Paper mit hoher Nachvollziehbarkeit, in exzellenter sprachlicher Qualität vorgelegt haben und damit die HMD-Zielgruppe idealtypisch adressieren. Die Jury für den HMD Best Paper Award 2015 hat diesen Beitrag klar unter den drei besten des Jahrgangs gesehen. Mit der hier vorliegenden erweiterten und überarbeiteten Version soll er einer noch größeren Zielgruppe zugänglich gemacht werden.

Die HMD – Praxis der Wirtschaftsinformatik und der HMD Best Paper Award

Alle HMD-Beiträge basieren auf einem Transfer wissenschaftlicher Erkenntnisse in die Praxis der Wirtschaftsinformatik. Umfassendere Themenbereiche werden in HMD-Heften aus verschiedenen Blickwinkeln betrachtet, sodass in jedem Heft sowohl Wissenschaftler als auch Praktiker zu einem aktuellen Schwerpunktthema zu Wort kommen. Den verschiedenen Facetten eines Schwerpunktthemas geht ein Grundlagenbeitrag zum State of the Art des Themenbereichs voraus. Damit liefert die HMD IT-Fach- und Führungskräften Lösungsideen für ihre Probleme, zeigt ihnen Umsetzungsmöglichkeiten auf und informiert sie über Neues in der Wirtschaftsinformatik. Studierende und Lehrende der Wirtschaftsinformatik erfahren zudem, welche Themen in der Praxis ihres Faches Herausforderungen darstellen und aktuell diskutiert werden.

Wir wollen unseren Lesern und auch solchen, die HMD noch nicht kennen, mit dem „HMD Best Paper Award" eine kleine Sammlung an Beiträgen an die Hand geben, die wir für besonders lesenswert halten, und den Autoren, denen wir diese Beiträge zu verdanken haben, damit zugleich unsere Anerkennung zeigen.

Mit dem „HMD Best Paper Award" werden alljährlich die drei besten Beiträge eines Jahrgangs der Zeitschrift „HMD – Praxis der Wirtschaftsinformatik" gewürdigt. Die Auswahl der Beiträge erfolgt durch das HMD-Herausgebergremium und orientiert sich an folgenden Kriterien:

- Zielgruppenadressierung
- Handlungsorientierung und Nachhaltigkeit
- Originalität und Neuigkeitsgehalt
- Erkennbarer Beitrag zum Erkenntnisfortschritt
- Nachvollziehbarkeit und Überzeugungskraft
- Sprachliche Lesbarkeit und Lebendigkeit

Alle drei prämierten Beiträge haben sich in mehreren Kriterien von den anderen Beiträgen abgesetzt und verdienen daher besondere Aufmerksamkeit. Neben dem Beitrag von Silvia Schacht, Anton Reindl, Stefan Morana, Alexander Maedche wurden ausgezeichnet:

- Herterich, M.; Uebernickel, F.; Brenner, W.: Nutzenpotentiale cyber-physischer Systeme für industrielle Dienstleistungen 4.0. HMD – Praxis der Wirtschaftsinformatik 52 (2015), 305, S. 665−680.
- Lotz, P.: E-Commerce und Datenschutzrecht im Konflikt. HMD – Praxis der Wirtschaftsinformatik 52 (2015), 302, S. 192−202.

Die HMD ist vor mehr als 50 Jahren erstmals erschienen: Im Oktober 1964 wurde das Grundwerk der ursprünglichen Loseblattsammlung unter dem Namen „Handbuch der maschinellen Datenverarbeitung" ausgeliefert. Seit 1998 lautet der Titel der Zeitschrift unter Beibehaltung des bekannten HMD-Logos „Praxis der Wirtschaftsinformatik", seit Januar 2014 erscheint sie bei Springer Vieweg. Verlag und HMD-Herausgeber haben sich zum Ziel gesetzt, die Qualität von HMD-Heften und -Beiträgen stetig weiter zu verbessern. Jeder Beitrag wird dazu nach Einreichung doppelt begutachtet: Vom zuständigen HMD- oder Gastherausgeber (Herausgebergutachten) und von mindestens einem weiteren Experten, der anonym begutachtet (Blindgutachten). Nach Überarbeitung durch die Beitragsautoren prüft der betreuende Herausgeber die Einhaltung der Gutachtervorgaben und entscheidet auf dieser Basis über Annahme oder Ablehnung. Jedes Heft wird zudem nach Erscheinen von einem HMD-Herausgeber hinsichtlich Ausgewogenheit, Vollständigkeit und Qualität der einzelnen Heftbausteine begutachtet. Daraus gewonnene Erkenntnisse tragen zur Weiterentwicklung der Zeitschrift und zur Verbesserung des Betreuungsprozesses durch die Herausgeber bei.

Bibliografische Informationen

Schacht, S; Reindl, A.; Morana, S; Maedche, A.: Projekterfahrungen spielend einfach mit der ProjectWorld! – Ein gamifiziertes Projektwissensmanagementsystem. HMD – Praxis der Wirtschaftsinformatik 52 (2015), 306, S. 878–890.

Dresden, Deutschland   Susanne Strahringer

Danksagung

Unser herzlichster Dank gilt Stefan Hofbauer (München) für die Unterstützung bei der Gestaltung der grafischen Benutzeroberfläche der ProjectWorld. Ohne seine Liebe zum Detail und Geduld bei unseren vielen, kleinen Anpassungen wäre die Gestaltung nicht in der jetzigen Form und Qualität gelungen. Zudem gilt unserer Dank der Firma Movilitas (Mannheim), besonders Stefan Hockenberger und Alexander Popp, für die freundliche Unterstützung und die gelungene Zusammenarbeit. Ihr Vertrauen in unsere Arbeit hat die Umsetzung des Projekts in der Form überhaupt erst ermöglicht.

Inhaltsverzeichnis

1 Herausforderungen des Wissensmanagements in Projekten 1

2 Einblick in die Geschichte der Wissensmanagementsysteme 5

3 Gamification zur Motivation von Technologienutzern 11
  3.1 Gamification – Definition und Einführung 12
  3.2 Gamification in der Praxis 14
  3.3 Gamification in der Forschung. 16

4 Wie Gamification die Welt des Wissensmanagements
  ändern kann. 21
  4.1 Die Idee der ProjectWorld 22
  4.2 Ohne Punkte geht es nicht 26
  4.3 Architektur und Implementierung der ProjectWorld 29

5 Die ProjectWorld in der Movilitas 31
  5.1 Vorgehen zur Evaluation der ProjectWorld 32
  5.2 Die ProjectWorld macht Spaß – Ergebnisse der
  Evaluation. 33

6 Zusammenfassung 37

Literatur. 41

Herausforderungen des Wissensmanagements in Projekten

1

Heutzutage ist die Organisation von Unternehmen in Projektstrukturen Gang und Gebe. Nahezu jede Aktivität wird als Projekt behandelt. Es werden Projektteams aufgestellt und Deadlines bestimmt. Vereinzelt findet man sogar Projekte, in denen das Projektteam aus nur einem Mitarbeiter besteht – dem Projektleiter. Während diese „Mini"-Projekte noch relativ problemlos zu managen sind, ist das Management größerer und komplexerer Projekte oder gar ganzer Programme um ein vielfaches schwieriger. Mit der wachsenden Bedeutung von Projekten in Unternehmen, stehen immer mehr Manager vor der Herausforderung, Projekte zum Erfolg zu führen. Ein wesentlicher Faktor für den Erfolg solcher Projekte sind die Kompetenzen und Erfahrungen der jeweiligen Teammitglieder. Je erfahrener Projektleiter und deren Teams sind, das heißt je mehr Erfahrung im Projekt vorhanden ist, desto höher sind die Erfolgschancen der jeweiligen Projekte. Um die Weiterbildung der einzelnen Mitarbeiter und zeitgleich auch organisationales Lernen zu ermöglichen, ist daher ein effektives Management der Projekterfahrungen sowie des Wissens der Mitarbeiter von essenzieller Bedeutung. Somit müssen Projektleiter nicht nur die Herausforderung des Projektmanagements meistern, sondern auch sich und ihr Team kontinuierlich weiterbilden. Hierfür sind die Erfahrungen anderer, vorangegangener Projekte eine wertvolle Wissensquelle. Der Zugang zu solchen Erfahrungen und deren Wiederverwendung ist jedoch nicht einfach, da Wissensmanagement in Projekten meist eine untergeordnete Rolle spielt. Das Projektmanagement an sich ist eine komplexe Aufgabe. Das Management von Projektwissen, mit dem Ziel dieses zu konservieren und wiederzuverwenden, ist jedoch um ein vielfaches komplexer. Ursächlich für diese Komplexität des Projektwissensmanagements ist die Beschaffenheit von Projekten an sich. Vor allem die Heterogenität der Projektteams ist eine wesentliche Ursache für die Schwierigkeiten, Projektwissen zu dokumentieren und bereits

© Springer Fachmedien Wiesbaden 2016

S. Schacht et al., *Projektwissen spielend einfach managen mit der ProjectWorld,*

essentials, DOI 10.1007/978-3-658-14854-6_1

bekannte Erfahrungen wiederzuverwenden (Petter und Randolph 2009). Für die Bearbeitung von Programmen oder größerer Projekte werden häufig Teams zusammengestellt, in welchem die einzelnen Mitarbeiter unterschiedliche Erfahrungen und Kompetenzen mitbringen und abdecken sollen. Anders als in einer funktionalen Organisation kennen sich die Projektmitglieder kaum und wissen noch viel seltener, welche Kompetenzen bei welchem Mitarbeiter liegen. Da die Projekte zeitlich begrenzt sind, ist die Bildung gemeinsamer mentaler Modelle – also eine gemeinsame Sicht auf die Welt, das Projekt und dessen Vorgehen – nur begrenzt möglich. Mentale Modelle können somit als Meta-Wissen über das Wissen betrachtet werden. Nur mit der Zeit und durch regelmäßige Interaktionen miteinander können Mitarbeiter gemeinsame mentale Modelle aufbauen. Sind diese mentalen Modelle in einem Team besonders stark ausgeprägt, so nennt man dies ein transaktives Gedächtnis (eng. transactive memory), bei dem jedes Teammitglied weiß, wer im Team über welches Wissen verfügt. Je ausgeprägter das transaktive Gedächtnis eines Teams ist, desto effektiver kann es zusammenarbeiten und seine Ziele und Aufgaben erfüllen (Hsu et al. 2012). Aufgrund der Beschaffenheit von Projektteams ist es schwierig, ein solches transaktives Gedächtnis aufzubauen, da nicht nur die Mitarbeiter mit unterschiedlichen Hintergründen für eine begrenzte Zeit in den Projekten involviert sind, sondern häufig auch eine gewisse Fluktuation im Team herrscht. Insbesondere in großen Projekten und Programmen werden Projektmitarbeiter nur für einzelne Phasen eingesetzt, sodass während der Laufzeit eines Projektes einige Mitarbeiter das Team verlassen und andere hinzukommen. Immer wenn ein Mitarbeiter das Projekt verlässt, nimmt dieser sein Wissen mit, oftmals ohne dieses zuvor zu dokumentieren. Somit geht im Laufe eines Projektes wertvolles Wissen verloren und kann folglich nicht von anderen Projektteams wiederverwendet werden. Als Konsequenz werden in Projekten immer wieder ähnliche Lösungen gefunden, die gleichen Fehler gemacht und das Rad neu erfunden (Petter und Randolph 2009).

Um auf die Herausforderungen des Wissensmanagements in Projekten zu reagieren, wird in vielen Unternehmen die Durchführung von Lessons Learned Workshops oder das Erstellen von Projekterfahrungsberichten gefordert. Diese Forderung findet sich auch in verschiedenen Standardisierungen von Projektmanagementansätzen wie PMI oder PRINCE2 wieder. Ein Blick in die Gesichter eines Projektteams, welches zu einem Lessons Learned Workshop eingeladen wird, reicht, um zu erkennen, dass solche Managementansätze für die Dokumentation und Wiederverwendung von Wissen nur begrenzt erfolgreich sind. Die Gründe hierfür sind genauso vielfältig wie offensichtlich. Bei der Erstellung eines Projekterfahrungsberichts beispielsweise ist häufig nur der Projektleiter involviert, sodass im besten Fall nur dessen Wissen dokumentiert wird. Oft ist die Motivation, einen solchen Bericht zu erstellen – zusätzlich zu sonstigen Pflichten der Berichterstattung – sehr gering. Als Resultat werden nur die wesentlichen Ereignisse im Projekt zusammengefasst. Dabei fehlt oftmals eine tiefere Analyse, was zu dem jeweiligen Ereignis geführt hat und wie man dieses hätte verhindern oder fördern können. Im Vergleich zu solchen Projektreports ist die Durchführung von Lessons Learned Workshops ein deutlich erfolgversprechenderer Ansatz, da zumindest Teile des Projektteams wenn nicht gar das gesamte Team gemeinsam die Erkenntnisse zusammenträgt. Mit dem Einsatz eines ausgebildeten Moderators kann ein solcher Workshop nicht nur zu einer besseren und wertvolleren Wissensdokumenten führen, sondern auch eine teambildende Wirkung haben und Spaß machen. Nun mag sich manch ein Leser fragen „Teambildende Wirkung? Warum sollte am Ende eines Projektes Teambildung sinnvoll sein, wenn das Team anschließend wieder getrennter Wege in neuen Projekten geht?" Die Antwort ist einfach. Im Gegensatz zur vorherrschenden Meinung in vielen Unternehmen, sollten Lessons Learned Workshops nicht nur am Ende eines Projektes durchgeführt werden. Ein Lessons Learned Workshop zu Beginn eines Projektes kann die Bildung eines gemeinsamen transaktiven Gedächtnisses fördern, wenn jedes Projektmitglied seine bisherigen Erfahrungen mit ähnlichen Projekten teilt, ein Mitglied eines Vorgängerprojekts aktiv dessen Erfahrungen vorträgt oder das Team gemeinsam erarbeitet, was in dem Projekt alles passieren kann und wie man darauf reagieren sollte (Methode der Präventiv-Obduktion). Ein Lessons Learned Workshop während der Laufzeit eines Projektes wiederum ermöglicht es dem Team, zu reflektieren, was bisher im Projekt geschehen ist und wie das Team effektiver zusammen arbeiten kann. Bildlich gesprochen: Man kann entweder eine Pause machen und die Axt schärfen, mit der man den Baum fällen will, oder man schlägt weiterhin mit der stumpfen Axt auf den Baum ein. Die Wahl der Axt (scharf oder stumpf) scheint einfach und logisch. Dennoch führen viele Projektleiter Lessons Learned Workshops nur am Ende eines Projektes durch. Sie schlagen bis zum bitteren Ende mit einer stumpfen Axt auf den Baum ein. Als Konsequenz sind die einzelnen Mitglieder des Teams nur sehr wenig bis überhaupt nicht motiviert, an einem solchen Workshop teilzunehmen. Während Lessons Learned Workshops zu Beginn oder während des Projektes nicht nur für nachfolgende Projekte sondern auch das laufende Projekt einen Mehrwert bieten, ist der Mehrwert eines Lessons Learned Workshops am Ende eines Projektes nur sehr begrenzt. Zum einen sind oftmals die Projektmitglieder bereits in neue Projekte eingeteilt. Somit sehen die Teilnehmer des Workshops keinen eigenen Nutzen darin, ihre Zeit in ein Projekt zu investieren, welches bereits abgeschlossen ist, wenn neue Aufgaben in einem neuen Projekt vor ihnen liegen. Weiterhin sind häufig nicht alle Projektmitglieder für den gemeinsamen Erfahrungsaustausch und dessen Dokumentation verfügbar. Zum anderen erkennt das Team, welches seine Erkenntnisse zusammentragen soll, nur einen geringen Eigennutzen im Verhältnis zu dessen hohen Aufwand. Die Erkenntnisse zu sammeln, um sie anderen Projektteams bereitzustellen, erfordert ein gewisses Maß an Altruismus und Weitblick. Nur wer mit gutem Beispiel voran geht und sein Wissen teilt, erhält auch von anderen wertvolles Wissen, welches wiederverwendet werden kann. Zu guter Letzt sind viele dokumentierte Erkenntnisse nicht hilfreich für deren Wiederverwendung. Was nutzt es einem zukünftigen Projektmanager zu wissen, dass das Team sehr gut miteinander gearbeitet hat, wenn er nicht erfährt, warum dem so war? Was kann er mit einer Lessons Learned anfangen, die vor den Schwierigkeiten mit einem bestimmten Kunden oder Lieferanten warnt, wenn man nicht erfährt, was diese Schwierigkeiten waren und wie man damit umgehen soll? Viele Lessons Learned Dokumente enthalten eher Plattitüden mit geringem Nutzen für andere. Wie bereits erwähnt, kann man die Qualität von Lessons Learned Workshops und deren Dokumentation mit dem Einsatz eines ausgebildeten und geeigneten Moderators, der die Erkenntnisse der Projektteams hinterfragt und ihren Beitrag für die Organisation bewertet, deutlich verbessern. Auch wenn ein solcher Moderator einige Probleme des Wissensmanagements beheben kann, so kann er nicht die Kernprobleme des Projektwissensmanagement lösen, denn selbst mit dem besten Moderator ist eine geeignete Wissensbasis notwendig, welche es dem Unternehmen und seinen Mitarbeitern ermöglicht, ihr Wissen zentral abzulegen und für alle Mitarbeiter verfügbar zu machen. Doch auch solche Wissensmanagementsysteme werden nur unzureichend in Unternehmen genutzt, da sie häufig nicht auf die Bedürfnisse ihrer Nutzer angepasst sind.

Summa summarum, können Mensch und Informationstechnologie für den Misserfolg des Projektwissensmanagement verantwortlich gemacht werden. Durch einen als zu gering empfundenen Nutzen, hohen Aufwand und mangelnde Motivation wird Wissen – wenn überhaupt – nur in minderwertiger Form dokumentiert und in selten genutzten technologischen Datenfriedhöfen abgelegt.

Das Management von organisationalem Wissen im Allgemeinen und von projekt-
bezogenem Wissen im Speziellen ist ein schwieriges Unterfangen. Es erfordert
den Einsatz geeigneter Methoden (sowohl im Bereich des Projektmanagements
als auch im Wissensmanagement) und die Motivation aller Beteiligten. Eine dritte
Komponente spielt im Zeitalter der modernen Technologien eine zentrale Rolle,
denn selbst wenn das Wissen von allen Projektmitgliedern in hochwertiger Qualität dokumentiert wird, bleibt die Problematik der zentralen und frei verfügbaren
Wissensaufbewahrung. Wie kann man das dokumentierte Wissen für alle Mitglieder eines Unternehmens verfügbar machen? Sollte es überhaupt für ALLE Mitglieder des Unternehmens verfügbar sein? Eine zentrale Rolle bei der Beantwortung
dieser Fragen spielen Informations- und Kommunikationstechnologien. Die
rasante Entwicklung von Informationstechnologien motivierte Wissenschaftler und
Softwarehersteller, ihren Fokus auf die Gestaltung und Implementierung von Wissensmanagementsystemen zu richten. Heute können Wissensmanagementsysteme
in zwei Generationen unterteilt werden (Firestone und McElroy 2003).

Die erste Generation umfasst traditionelle Wissensmanagementsysteme wie
Dokumentenablagesysteme, in denen unstrukturierte Wissensdokumente in unterschiedlichen Formaten und hierarchischen Strukturen abgelegt werden können.
Häufig werden diese Systeme unter dem Begriff Wissensrepository oder einfach
nur Repository zusammengefasst. Diese Repositorien werden meist als Erweiterung oder parallel zu bereits im Unternehmen existierenden Informationssystemen (z. B. Enterprise Resource Planning (ERP) oder Business Intelligence (BI))
eingesetzt und verfolgen drei wesentliche Ziele. Zum einen sollen Repositorien
durch Funktionen wie Zugriffskontrolle und Speicherkapazitäten die zentrale
Ablage und Verteilung von Wissensdokumenten ermöglichen. Weiterhin sollen
Repositorien die Wiederverwendung des abgespeicherten Wissens ermöglichen

© Springer Fachmedien Wiesbaden 2016
S. Schacht et al., *Projektwissen spielend einfach managen mit der ProjectWorld,*
essentials, DOI 10.1007/978-3-658-14854-6_2

und somit die Komplexität der Wissenssuche durch geeignete Suchmechanismen reduzieren. Zum dritten sollen Repositorien auch die Weiterentwicklung des Wissens ermöglichen. Jedes Wissen, dass verwendet wird, wird mit neuen Erkenntnissen angereichert oder kann veralten. Daher ist es von zentraler Bedeutung, dass Repositorien die Weiterentwicklung der einzelnen Wissensdokumente ermöglichen. Es müssen also Funktionen implementiert werden, die eine Analyse der Wissensdokumente ermöglichen (Lee und Joung 2000). Die Eignung solcher Repositorien als Wissensmanagementsystem ist allerdings fragwürdig. Insbesondere die Anforderung der einfachen Suche von Wissensdokumenten kann kaum erfüllt werden, da die Suche und somit auch die Wiederverwendung von Wissensdokumenten mit wachsenden, hierarchischen Strukturen und Komplexität immer schwieriger und ineffizienter werden. Im Endeffekt verwandeln sich viele Repositorien im Laufe der Zeit in einen Datenfriedhof. Neben Repositorien kann Wissen auch expliziert und in strukturierter Form abgelegt werden (zum Beispiel durch die Verwendung von Formularen und den Einsatz von Datenbanken). Eine solch strukturierte Ablage vereinfacht zwar die Suche und Wiederverwendung von Wissen, ist aber nur für einen sehr geringen Teil des organisationalen Wissens möglich, da nur 20 % der Informationen in einem Unternehmen in strukturierter Form dokumentiert werden können (Schwartz und Tauber 2009). Ein weiteres Manko der ersten Generation von Wissensmanagementsystemen ist die völlige Vernachlässigung der sozialen Interaktion. Wissen wird bevorzugt durch bilaterale Kommunikation ausgetauscht, da das Wissen direkt an die Anforderungen des „Wissenssuchenden" angepasst werden kann. Wer kennt das nicht, dass man seinen Kollegen auf dem Flur oder an der Kaffeemaschine trifft und man sich dabei über Erfahrungen zu einem aktuellen Thema austauscht. Solche „Water Cooler Talks" sorgen nicht nur für ein angenehmes Arbeitsklima, sondern sind auch für den Austausch von Wissen und Erfahrungen von zentraler Bedeutung.

Mit der Entwicklung neuer Kommunikationstechnologien wie beispielsweise moderne Web 2.0 Anwendungen entstand die zweite Generation von Wissensmanagementsystemen. Anstatt der reinen Sammlung, Dokumentation und Speicherung von Wissen, fokussiert die zweite Generation auf die Verbindung von Wissensträgern mit Wissenssuchenden. Um Wissen effektiv zu verteilen, wiederzuverwenden und weiterzuentwickeln, müssen unterschiedliche Prozesse in der Entwicklung von Wissen berücksichtigt werden.

▶ **EXKURS** Ein großer Teil von Erfahrungen beruht auf implizitem Wissen, welches nur schwer zu kommunizieren ist. Ein Austausch dieses impliziten Wissens durch gemeinsame Erfahrungen und Bildung eines transaktiven Gedächtnisses reichert das Wissen an und entwickelt es weiter. Die Umwandlung solch impliziten Wissens in neues, weiterhin implizites Wissen nennt man Sozialisierung. Um implizites Wissen ohne bilaterale Kommunikation, also indirekt an andere weiterzugeben, muss es in ein explizites, also dokumentiertes Format umgewandelt werden (Externalisierung). Das so konsumierte, explizite Wissen wird oft mit Wissen aus weiteren Wissensquellen verglichen und angereichert. Dabei entsteht neues, explizites Wissen (Kombination). Geht das explizite Wissen in unsere mentalen Modelle und Routinen über, dann nennt man den Prozess Internalisierung des Wissens. Abb. 2.1 fasst die Prozesse der Wissensverarbeitung nach dem Modell von Nonaka et al. (2000) zusammen.

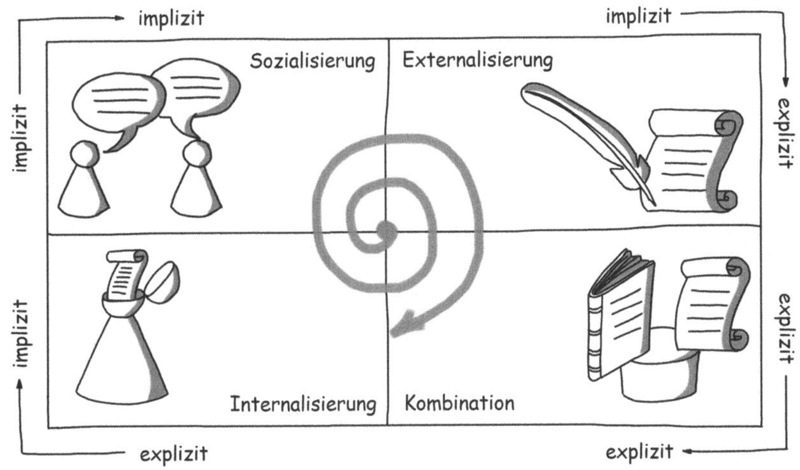

Abb. 2.1 SECI Modell der Wissensverarbeitung (basierend auf Nonaka et al. 2000)

Um den Wissensaustausch zwischen unterschiedlichen Wissensträgern zu ermöglichen, muss ein Wissensmanagementsystem alle vier Prozesse der Wissensverarbeitung berücksichtigen. Es muss daher die Dokumentation von implizitem Wissen ermöglichen (Externalisierung), weitere Wissensquellen zur Verfügung stellen (Kombination) und die Kommunikation zwischen Wissensträgern (Sozialisierung) fördern, um letztlich die Verinnerlichung des Wissens und dessen Aufnahme in tägliche Routinen (Sozialisierung) zu ermöglichen. Aufgrund von Funktionen, welche ein hohes Maß an Kollaboration ermöglichen, an die Anforderungen der Nutzer angepasst sind (nutzerzentriertes Design) und die Macht der Menge (Wisdom of the Crowd) nutzen, werden Web 2.0 Technologien gern als Vertreter der zweiten Generation von Wissensmanagementsystemen betrachtet. Somit versprechen Wissensmanagementsysteme der zweiten Generation, den Nutzer in aktive Teilnehmer zu verwandeln, welche allgegenwärtiges Wissen erhalten und erstellen (Meloche et al. 2009, S. 36). Aber auch die zweite Generation hat mit Nutzungsproblemen zu kämpfen und scheint nicht immer als Mittel für adäquates Wissensmanagement geeignet zu sein. Eine zentrale Problematik moderner, sozialer Medien ist die erforderliche, kritische Masse von Nutzern, welche aktiv Inhalte beisteuern. Während 90 % aller Nutzer oftmals reine Konsumenten der Inhalte sind, erstellen 9 % der Nutzer nur sehr wenige Inhalte und nur 1 % der Nutzer erstellt den Löwenanteil aller in solchen sozialen Medien bereitgestellten Inhalte (Palmisano 2009). Neben dem Ungleichgewicht zwischen Inhaltskonsumenten und -produzenten können weitere unterschiedliche Probleme als Ursache für die unzureichende Umsetzung von Wissensmanagementsystemen der zweiten Generation in Unternehmen identifiziert werden: Erstens, das Management kann beispielsweise Bedenken bezüglich der Abflachung von Hierarchien durch soziale Medien haben, welche eine Verlagerung des Machtverhältnisses nach sich ziehen können. Zweitens, bestehen Bedenken sozialer Art wie die im System gepflegte „Netikette". Drittens, sind mit der zweiten Generation von Wissensmanagementsystemen auch häufig rechtliche Bedenken zu den geistigen Eigentumsrechten der Inhalte verbunden (Hasan und Pfaff 2006).

Es hat den Anschein, als ob beide Systemgenerationen unterschiedliche Probleme des Wissensmanagements adressieren, aber nicht vollständig lösen können. Insbesondere in Projekten, welche durch Mitarbeiterfluktuationen, mangelnder Zeit und Ressourcen sowie einer geringen Ausprägung des transaktiven Gedächtnisses gekennzeichnet sind, werden Wissensmanagementsysteme nicht effizient genutzt oder selten auch nur eingesetzt. Die Ursache hierfür liegt jedoch nicht nur an der (nicht) genutzten Technologie. Die Hauptproblematik allen Wissensmanagements – ob durch Technologie unterstützt oder nicht – liegt in der mangelnden Motivation der Akteure, Wissen zu dokumentieren, mit Kollegen zu teilen oder gar wiederzuverwenden. Daher ist es für kommende Generationen von Wissensmanagementsystemen von Bedeutung, nicht nur eine zentrale Ablage für Wissensdokumente oder die Vernetzung von Wissensträgern zu ermöglichen, sondern auch Anreize für die Nutzer der Systeme zu schaffen, aktiv Inhalte beizutragen, zu bewerten und wiederzuverwenden.

Mit Gamification können zwei zentrale Probleme des Wissensmanagements in Projekten adressiert werden: das „Cold-Start" Problem von Wissensmanagementsystemen und die mangelnde Motivation der Mitarbeiter zur Dokumentation und Wiederverwendung. Bei der Einführung eines neuen Wissensmanagementsystems ist dieses häufig leer. Um dessen Nutzung aber zu forcieren, ist es notwendig, dieses mit relevantem und wertvollem Wissen zu befüllen. Durch Gamification Mechanismen können Mitarbeiter motiviert werden, Zeit und Mühen zu investieren, relevante Erkenntnisse zu dokumentieren und im Wissensmanagementsystem abzulegen. Durch den Einsatz der richtigen Mechanismen können aber Mitarbeiter nicht nur motiviert werden, die Quantität sondern auch die Qualität der Beiträge zu verbessern. Somit kann Gamification als ein Schritt hin zur dritten Generation von Wissensmanagementsystemen betrachtet werden.

Gamification zur Motivation von Technologienutzern 3

„Das ganze Leben ist ein Spiel" – heute mehr denn je. Wo man hinschaut, kann man Punkte sammeln, sich mit anderen messen und vergleichen oder Abzeichen und Boni gewinnen. Beim Einkaufen kann man „Treuepunkte" sammeln, für welche man als Gegenleistung Vergünstigungen oder Produkte erhält. Beim Sport messen Fitness-Bänder die Aktivität ihres Nutzers und vergleichen diese mit anderen Nutzern. Über Ranglisten und Abzeichen soll so jeder Nutzer motiviert werden, mehr Sport zu treiben und gegen die anderen Teilnehmer im Wettkampf zu gewinnen. Auch in der digitalen Welt spiegelt sich dieser Trend wieder. Nicht nur durch Fitness-Bänder sollen Sportmuffel zu mehr Aktivität motiviert werden. Über spielerische Applikationen wie *Zombies, Run*[1] werden Jogger in eine virtuelle Welt voller Zombies versetzt, vor denen es wegzurennen gilt. Über das Smartphone und mittels Kopfhörer wird die Umgebung beschrieben und vor Zombies gewarnt und so zu unterschiedlichen Laufrhythmen motiviert. Im Alltag hingegen unterstützen gamifizierte Anwendungen wie *ChoreMonster*[2] Eltern bei der Erziehung ihrer Kinder. Mit ChoreMonster erhalten Kinder Punkte und Belohnungen für das Erledigen unterschiedlicher Aufgaben im Haushalt und sogar für das Putzen ihrer Zähne. Somit ist Gamification ein Trend, der heute überall sichtbar ist. Während noch vor einigen Jahren mobile Endgeräte primär zur Kommunikation und Informationsbeschaffung genutzt wurden, kann man heutzutage viele Nutzer bei der „seichten" Unterhaltung durch Spiele auf mobilen Endgeräten beobachten. Insbesondere zur Überbrückung kurzer Wartezeiten – zum Beispiel an Bus- und Bahnhaltestellen oder in Wartezimmern – kann man immer häufiger Nutzer von mobilen Endgeräten jeden Alters beim Spielen

---

[1]https://zombiesrungame.com/.

[2]https://www.choremonster.com/.

© Springer Fachmedien Wiesbaden 2016
S. Schacht et al., *Projektwissen spielend einfach managen mit der ProjectWorld,*
essentials, DOI 10.1007/978-3-658-14854-6_3

beobachten. Oftmals handelt es sich um kurzweilige Spiele wie *CandyCrush-Saga*[3] oder *TinyDeathStar*[4], welche durch repetitive und recht monotone Aufgaben geprägt sind. Dabei stellt sich die Frage, was motiviert Menschen dazu, ihre Zeit in Aufgaben zu investieren, in denen zum Beispiel Dreierkombinationen von Süßigkeiten gebildet oder die Bewohner des „Mini"-Todessterns mit dem Fahrstuhl von einer Etage in eine andere transportiert werden müssen. Warum können sich Menschen für repetitive Aufgaben ohne konkreten Mehrwert in einem Spiel begeistern, aber nicht für ähnlich geartete Aufgaben an ihrem Arbeitsplatz? Es scheint, in Spielen werden Mechanismen eingesetzt, die eine motivierende Wirkung auf den „Spieler" haben. Können diese Mechanismen in das berufliche Umfeld für die täglichen Aufgaben übertragen werden? Mit dieser Fragestellung beschäftigen sich aktuell viele Unternehmen und Wissenschaftler. Die wesentlichen Fakten zu Gamification, dessen Einsatz in der Praxis und die Erkenntnisse aus der Wissenschaft werden in die folgenden Kapiteln kurz erläutert.

3.1   Gamification – Definition und Einführung

Gamification ist die Übertragung von spielerischen Gestaltungselementen in einen nicht-spielerischen Kontext (Deterding et al. 2011) mit dem Ziel bei seinen Nutzern das Gefühl von Verspieltheit zu erzeugen, so dass die Nutzung unterhaltsam und erstrebenswert wird (Thom et al. 2012). Dabei zeichnen sich Gamification Anwendungen durch drei wesentliche Eigenschaften aus. Erstens, Gamification Anwendungen haben ähnlich wie Spiele ein Regelwerk, einen deklarativen Inhalt und eine soziale Ebene, in der ein Nutzer mit anderen Akteuren interagiert (Bree 2011). Zweitens, bei Gamification Anwendungen handelt es sich nicht um ein vollständiges Spiel, sondern lediglich um den Einsatz verschiedener Mechanismen, wie sie auch in Spielen verwendet werden (Burke und Hiltbrand 2011). Drittens, Gamification Anwendungen werden in nicht-spielerischen Kontexten wie Unternehmen eingesetzt (Deterding et al. 2011). Die Abgrenzung von Gamification Anwendungen und anderen Anwendungen wie Serious Games oder digitales, spielebasiertes Lernen wird insbesondere durch die beiden letzten Definitionseigenschaften deutlich. Durch diese beiden Eigenschaften können die unterschiedlichen Anwendungen in einem zweidimensionalen Raum kategorisiert werden. Die erste Dimension adressiert die Vollständigkeit der Anwendung mit

---

[3]http://candycrushsaga.com/.
[4]http://spiele.disney.de/app-star-wars-tiny-death-star.

Bezug auf den Einsatz der Spielemechanismen. Anwendungen können entweder ein vollständiges Spiel integrieren oder nur einzelne Spielemechanismen zum Einsatz bringen. Über die zweite Dimension werden spielebasierte Anwendungen in den Kontext ihres Einsatzes eingeordnet. Abb. 3.1 stellt eine Einordnung der verschiedenen, auf Spielen bzw. Spielemechanismen basierenden Anwendungen dar. Dabei sind die Grenzen zwischen den verschiedenen Anwendungen jedoch nicht trennscharf, so dass manche Bezeichnungen in der Literatur synonym verwendet werden. An dieser Stelle gehen wir nicht im Detail auf die Unterschiede und Herkunft der einzelnen Anwendungen ein. Für den interessierten Leser können wir jedoch die Arbeiten von Susi et al. (2007) für einen Überblick über die unterschiedlichen spielebasierten Anwendungen empfehlen.

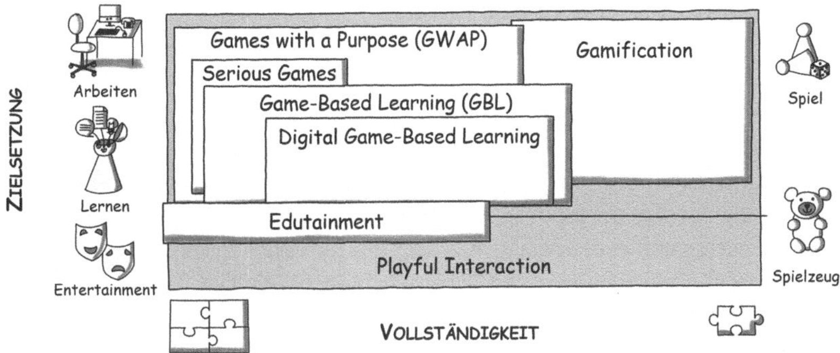

Abb. 3.1 Abgrenzung von Gamification mit anderen spiele-basierten Anwendungen (basierend auf Deterding et al. 2011)

Da in Gamification Anwendungen nur einzelne Spielemechanismen eingesetzt werden, wird Gamification häufig mit der Verwendung von Mechanismen wie Punkte, Abzeichen, Fortschrittsbalken oder Ranglisten gleichgesetzt. Allerdings ist Gamification ein wesentlich komplexeres Konzept, welches die Berücksichtigung von Mechanismen erfordert, die sowohl extrinsische als auch intrinsische Motivation fördern sollen. Zusätzlich zu Spielemechanismen, welche direkt im Spiel umgesetzt werden können, müssen Mechanismen eingearbeitet werden, welche tiefere Bedürfnisse der Nutzer ansprechen. Hier unterscheiden wir zwischen „In-Game" und „In-Person" Mechanismen (Schacht und Schacht 2012). Insbesondere „In-Person" Mechanismen können für die Motivation, bestimmte Aufgaben zu bearbeiten, einen langfristigen Effekt haben. Ein Überblick über verschiedene In-Game und In-Person Mechanismen wird in Tab. 3.1 dargestellt.

Tab. 3.1 Übersicht über In-Game und In-Person Mechanismen des Gamification (Schacht und Schacht 2012)

	Fortschritt	Feedback	Verhalten
In-Game Mechanismen	· Erfolge · Punkte & Boni · Levels	· Fortschrittsbalken · Ranglisten · Count Downs	· Viralität · Communities · Kollaboration
In-Person Mechanismen		· Kaskadierende Informationen	· Neid · Epische Bedeutung · Verlustängste

3.2 Gamification in der Praxis

Wie bereits anfänglich erläutert, hat Gamification im Besonderen unser Privatleben erobert. Aber auch Unternehmen sind sich des Trends bewusst und fördern verstärkt den Einsatz von Gamification Anwendungen. Ein bekanntes Beispiel wird von Microsoft geliefert. *RibbonHero*[5] ist eines der ersten Gamification Anwendungen, welches mittels der Verwendung verschiedener Spielemechanismen, den Nutzer dazu motivieren sollte, die damals mit dem 2007er Office Paket neu eingeführten Ribbons (Reiter) zu erkunden und deren Nutzung zu erlernen. In einer virtuellen 2-D-Welt konnte der Nutzer durch die Zeit reisen und einem Ritter bei der Erkundung der Welten helfen, indem kleinere Aufgaben in einer Office Anwendung wie Word, Excel oder PowerPoint abgearbeitet wurden. Dabei erhielt der Nutzer nicht nur Punkte und konnte sein Spielerlevel erhöhen, wenn er aktiv RibbonHero spielte. Auch beim Einsatz des Erlernten in den einzelnen Office Anwendungen (ohne RibbonHero aktiv zu benutzen) konnte das Erfahrungslevel des Nutzers im Spiel gesteigert und so neue Bereiche und Aufgaben freigeschaltet werden. Ein weniger prominentes Beispiel von Microsoft zum Einsatz von Gamification im Unternehmenskontext ist *CommunicateHope* (Microsoft Blog 2011). Ein zentraler Faktor für den Erfolg einer Software ist dessen Fehlerfreiheit. Daher werden bei jeder Anwendung intensive Tests durchgeführt, die sicherstellen sollen, dass die Anwendung vor ihrer Markteinführung möglichst fehlerfrei ist. Um diese Fehlerfreiheit sicherzustellen, beschäftigt Microsoft – wie jedes andere Software Unternehmen – ein Team von Testern. Für den Test der Kommunikationsplattform Lync setzte Microsoft erstmals nicht nur auf die Arbeit des Testteams, sondern mit CommunicateHope

---

[5]http://ribbon-hero.en.softonic.com/.

auch auf die Teilnahme der übrigen Mitarbeiter des Unternehmens. Mit CommunicateHope konnten sich alle Mitarbeiter des Unternehmens durch das Testen der Plattform Punkte und damit einhergehend monetäre Preise erarbeiten. Insgesamt investierte Microsoft tausende Dollar in die Belohnung aller Teilnehmer und somit in die Testphase der Anwendung. Diese Investition führte zum Erfolg von CommunicateHope, denn nicht nur tausende Mitarbeiter spielten das „Spiel", sondern das Testteam erhielt 16mal mehr Feedback und Fehlerberichte von „Spielern" als von „Nicht-Spielern".

Neben der Software-Industrie hat Gamification aber auch in vielen anderen Bereichen unseres Lebens Einzug gehalten. Insbesondere in der Gesundheitsbranche können spielerische Anwendungen deren Nutzer dazu motivieren, verstärkt auf ihre Gesundheit zu achten. Ein bekanntes Beispiel liefert hier die Firma Bayer. Insbesondere in den USA erkranken immer mehr Kinder und Jugendliche an Blutzucker, welcher regelmäßige Messungen und Insulinzufuhr erfordert. Das kann vor allem für Kinder besonders lästig sein. Das Blutzuckermessgerät Diget von Bayer kann mit der Spielekonsole Nintendo DS verbunden werden und über die spielerische Anwendung „Knock'em Downs World's Fair" werden die Nutzer für regelmäßige Messungen und gute Blutzuckerergebnisse mit Punkten und neuen Spieleleveln belohnt (Digitale Spielwiese Blog 2012). Auch im Tourismus hat Gamification bereits Einzug gehalten. Eine der bekanntesten Anwendungen ist *Ingress*, bei dem die reale Umgebung zur virtuellen Spielewelt wird. Sehenswürdigkeiten wie Denkmäler oder Gebäude werden in der Spielewelt zu Portalen, welche es zu erobern gilt. Für die Eroberung der Portale schließt sich der Spieler einer von zwei Fraktionen an und besucht die einzelnen Sehenswürdigkeiten – immer ausgestattet mit einem GPS-fähigem mobilen Endgerät. Über die erfassten GPS Koordinaten erkennt Ingress, ob sich ein Spieler im Umfeld eines Portals befindet und wie viele weitere Mitspieler der gleichen oder gegnerischen Fraktion sich in dem Augenblick ebenfalls an diesem Portal befinden. Wenn sich eine Fraktion mit einer Mehrheit an einem Portal befindet, kann dieses erobert werden. Durch die Verbindung mehrerer, eroberter Portale einer Fraktion können so ganze Gebiete erobert werden (Spiegel Online 2013). Weniger spielerisch, aber durchaus auch mit Mechanismen des Gamification versehen, ist Geocaching, welches auch als moderne, elektronische „Schnitzeljagd" bezeichnet wird und von der Tourismusbranche verstärkt dazu genutzt wird, Besucher auf regionale Besonderheiten und Sehenswürdigkeiten aufmerksam zu machen (Der Tourismus Blog 2013).

Mit *Plantville*[6] hielt Gamification aber auch in der Welt des Recruitings Einzug. Als Anlagenmanager soll der Spieler Herausforderungen wie die Optimierung des Energiemanagements oder die Steigerung der Mitarbeiterzufriedenheit meistern. Die Anwendung wurde von der amerikanischen Tochtergesellschaft von Siemens entwickelt und dient zum einen der Präsentation der umfangreichen Produktpalette von Siemens und zum anderen der Zurschaustellung des Konzerns als attraktiven Arbeitgeber (Frankfurter Allgemeine 2012). Im Recruitainment Blog wird eine Vielzahl weiterer Anwendungen unterschiedlicher Unternehmen vorgestellt, welche den Zweck der Personalanstellung dienen (Recruitainment Blog 2015).

3.3   Gamification in der Forschung

Mit der rasanten Entwicklung von Gamification in der Praxis, wurde auch das Interesse in der Wissenschaft an diesem Phänomen geweckt. Seit 2012 werden vermehrt wissenschaftliche Artikel zu diesem Thema auf Konferenzen und in Fachzeitschriften veröffentlicht. Dabei ist das Phänomen der Einflussnahme auf das Verhalten von Benutzern von Informationssystemen durch den Einsatz unterschiedlicher Mechanismen nicht neu. Sogenannte persuasive (eng. für überzeugende) Systeme werden bereits seit 1997 in unterschiedlichen Fachgebieten wissenschaftlich untersucht (Fogg 1998). Da Gamification auf eine besondere Klasse von Mechanismen zur Verhaltensbeeinflussung abzielt, kann Gamification als eine Unterform der persuasiven Systeme angesehen werden (Hamari et al. 2014).

Untersucht man die seit 2012 veröffentlichten Artikel zu Gamification jedoch genauer, muss man feststellen, dass sich noch immer eine deutliche Mehrheit aller Artikel mit dem Konzept selbst beschäftigen und dessen Anwendungsmöglichkeiten sowie die erwarteten Effekte von Gamification diskutieren. Bis heute gibt es nur wenige Arbeiten, welche die Effekte von Gamification in empirischen Studien beobachten und somit auch nachweisen. Diese wenigen wissenschaftlichen Arbeiten konzentrieren sich im Wesentlichen auf die klassischen Gamification Mechanismen wie Punkte, Levels, Abzeichen oder Fortschrittsbalken. Neben diesen „In-Game" Mechanismen, sollten aber die Designer von Gamification-Anwendungen auch auf Mechanismen zurückgreifen, die die Bedürfnisse der Nutzer selbst ansprechen („In-Person" Mechanismen). Tab. 3.2 fasst die bedeutendsten Erkenntnisse aus der Wissenschaft zu den einzelnen Spielemechanismen zusammen.

---

[6]http://www.plantengineering.com/media-library/plantville-presented-by-siemens-industry/8f4c19b15c775a55c863a31899d19120.html?tx_ttnews[pointer]=1.

Tab. 3.2 Spielemechanismen und ihre Wirkung auf den Nutzer

Mechanismen	Wirkung	Fortführende Literatur
In-Game Mechanismen		
Punkte	· Erhöhung der Quantität, nicht aber der Qualität der Beiträge · Keine Motivation zur physischen Aktivität · Unterminierung der anfänglich intrinsischen Motivation	Mekler et al. 2013, Mutter und Kundisch 2014, Zuckerman und Gal-Oz 2014, Thom et al. 2012
Abzeichen	· Erhöhte intrinsische Motivation · Auch negative Abzeichen erhöhen Motivation	Denny 2013, Li et al. 2012
Fortschrittsanzeigen	· Illusion des Fortschritts ist ausreichend	Lewis et al. 2012
In-Person Mechanismen		
Epische Bedeutung (eng. epic meaning)	· Qualität der Beiträge kann durch einen bedeutungsvollen Rahmen verbessert werden	Mekler et al. 2013
Soziale Einflüsse	· Anzeige des Fortschritts durch die Weiterentwicklung eines Avatars hat einen motivierenden Effekt auf andere Spieler · Anwendung muss freiwillig nutzbar sein	Siemens et al. 2015, Lee und Hammer 2011

Wie man an Tab. 3.2 erkennen kann, hat Gamification nicht nur positive Effekte. Immer mehr Wissenschaftler untersuchen daher auch verstärkt die negativen Wirkungen von Gamification. So haben beispielsweise Thom et al. (2012) festgestellt, dass nach der Entfernung des Punktesystems aus einem sozialen Netzwerk, die Nutzer deutlich weniger motiviert waren, Beiträge einzustellen, als vor deren Einführung. Dieser Effekt wird in der Psychologie auch als Endowment Effekt bezeichnet, bei dem der Wert eines Gegenstands durch dessen Besitztum gesteigert wird und dessen Verlust daher als deutlich stärker empfunden wird. Basierend auf dem Konflikt aus positiven „Vorschusslorbeeren" und den teilweise ernüchternden Ergebnissen bisheriger, empirischer Studien werden immer mehr Stimmen laut, welche nach weniger Punkten und extrinsischen Motivatoren und nach mehr durchdachten Designs (z. B. Paharia 2012) und bedeutungsvollen Hintergründen (z. B. Laschke und Hassenzahl 2011; Lawley 2012) in Gamification Anwendungen rufen. Wenn Punkte und Erfolge keine Bedeutung in der realen Welt haben, können sie für den Nutzer schnell belanglos werden (Cramer et al. 2011).

Neben der Bedeutung der Aktivitäten und der damit verbundenen Belohnung in Gamification Anwendungen ist es auch wichtig, dass die Herausforderungen der einzelnen Aktivitäten an die Fähigkeiten des Spielers angepasst werden. Dabei ist zu beachten, dass der Spieler im Laufe der Zeit durch das Ausüben verschiedener Aktivitäten seine Fähigkeiten erweitert. Sind die Aufgaben an die Fähigkeiten und das Interesse des Spielers angepasst, so kann dieser in einen Zustand völligen Engagements (auch Flow oder kognitive Vertiefung genannt) versetzt werden. Die Theorie des Flow von Csikszentmihalyi (1975) wird in der Wissenschaft im Gamification Umfeld häufig eingesetzt und versinnbildlicht den Zustand, bei dem der Spieler selbst natürliche Bedürfnisse wie Hunger oder Müdigkeit ignoriert und die Zeit aus dem Auge verliert, während er eine Aktivität ausübt. Um also einen Spieler langfristig zu motivieren, ist es erforderlich, die Aufgaben der Anwendung an dessen Fähigkeiten anzupassen, so dass er sich stets innerhalb des schmalen Korridors zwischen Langeweile und Überforderung befindet (siehe Abb. 3.2). Eine Anwendung, welche die Aufgaben den

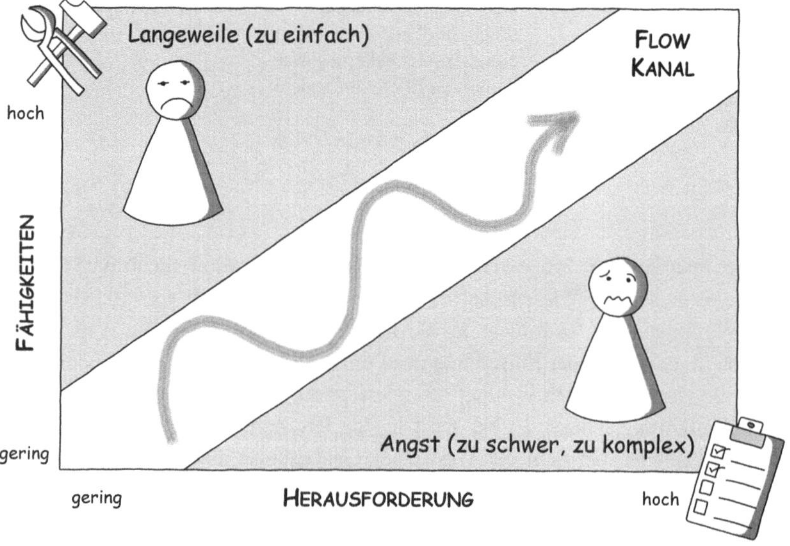

Abb. 3.2 Flow Theorie (basierend auf Csikszentmihalyi 1975)

Fähigkeiten des Nutzers anpasst, hat das Potential, diesen in den Zustand völligen Engagements zu versetzen und somit zur Erfüllung selbst monotoner und repetitiver Aufgaben zu motivieren.

Wie Gamification die Welt des Wissensmanagements ändern kann

4

Aufgrund unzureichender Wissensmanagementstrategien geht wertvolles Projektwissen in Unternehmen immer wieder verloren. Aus dieser Erkenntnis heraus entstand die Idee des gamifizierten Wissensmanagementsystems für Projekte. Durch den Einsatz verschiedener Spielemechanismen, sowohl aus dem Bereich der In-Game als auch der In-Person Mechanismen, sollen die einzelnen Mitglieder von Projekten dazu motiviert werden, ihre eigenen Erfahrungen zu dokumentieren und die Erfahrungen anderer Projekte in ihren eigenen zu berücksichtigen. Das Gesamtprojekt wurde in Kooperation mit der Movilitas Consulting GmbH durchgeführt. Mit mehr als 150 Mitarbeitern agiert Movilitas heute in 13 Ländern. Hauptgeschäftsfeld des Unternehmens ist die Unterstützung ihrer Kunden bei der Durchführung von Track & Trace Projekten mit SAP Anwendungen. Track & Trace ist die Serialisierung und Nachverfolgung von Produkten über die komplette Lieferkette. In jedem dieser Projekte wird Wissen genutzt und in neues Wissen umgewandelt, welches für die nachfolgenden Projekte von Bedeutung sein kann. Das Unternehmen wurde im Jahr 2006 gegründet, befindet sich seit seiner Gründung im Wachstum und konnte seine Marktführerschaft im Geschäftsbereich Track & Trace durch die Übernahme eines Wettbewerbers zuletzt weiter steigern. Mit dem Wachstum des Unternehmens erkannte die Unternehmensleitung einen gesteigerten Bedarf an einer ausgereiften Strategie für effektives und effizientes Wissensmanagement. Dies beinhaltet neben der Förderung der sozialen Interaktion der Mitarbeiter auch den Einsatz eines zentralen Wissensmanagementsystems.

© Springer Fachmedien Wiesbaden 2016
S. Schacht et al., *Projektwissen spielend einfach managen mit der ProjectWorld*,
essentials, DOI 10.1007/978-3-658-14854-6_4

4.1   Die Idee der ProjectWorld

Die Dokumentation von Projektwissen wird häufig als eine lästige Aufgabe betrachtet, die keine Freude bereitet und auch nur begrenzten Nutzen für deren Verfasser beinhaltet. Um dennoch Projektteams zur Dokumentation ihres Wissens und ihrer Erfahrungen zu motivieren, wurde die ProjectWorld gestaltet – ein gamifiziertes Wissensmanagementsystem für Projekte. Die Gestaltung des gamifizierten Projektwissensmanagementsystems folgt dem wissenschaftlichen Ansatz des Action Design Research (ADR) (Sein et al. 2011), welcher eine enge Kooperation zwischen der Praxis (also einem oder mehreren Unternehmen) und der Wissenschaft in der Durchführung eines Forschungsvorhabens vorsieht. Ziel eines ADR Forschungsprojektes ist die Entwicklung eines Lösungsansatzes in Form eines konkreten Artefaktes, welcher eine wissenschaftliche Problemstellung adressiert. Durch eine solche Kooperation soll sichergestellt werden, dass das gestaltete Artefakt nicht nur auf einer theoretisch-wissenschaftliche Grundlage basiert, sondern auch für die Praxis von Relevanz ist. Innerhalb des ADR Projektes wurden daher mit der Unterstützung von verschiedenen Unternehmen die Anforderungen an ein Wissensmanagementsystem für Projekte erhoben. Basierend auf den Anforderungen wurden Gestaltungsprinzipien ermittelt, welche die Anforderungen auf einer höheren Abstraktionsebene repräsentieren und somit für die gesamte Klasse von Projektwissensmanagementsystemen in unterschiedlichen Anwendungsbereichen gültig sind. Während die Gestaltungsprinzipien unterschiedliche (also sowohl soziale als auch technische) Aspekte des gesamten Wissensmanagementsystems für Projekte adressieren, richtet sich insbesondere das sechste Gestaltungsprinzip an die Entwicklung eines Systems, welches das Verhalten der Nutzer positiv beeinflussen soll. Alle sechs Gestaltungsprinzipien wurden in Tab. 4.1 zusammengefasst. Die Herleitung der Gestaltungsprinzipien und die damit verbundenen Anforderungen an das Wissensmanagementsystem können in Schacht et al. (2015) nachgelesen werden.

Tab. 4.1 Gestaltungsprinzipien für Projektwissensmanagementsysteme (Schacht et al. 2015)

Gestaltungsprinzipien	
Prinzip 1	Sicherstellung des Zugriffs auf Wissen und Wissensträger für alle Mitarbeiter
Prinzip 2	Erweiterung des Projektteams mit einem Wissensintermediär als Unterstützung für das Projektwissensmanagement
Prinzip 3	Bereitstellung von kontextbezogenem und gebündeltem Wissen in strukturierten Dokumenten unter Verwendung einer Terminologie, die für Experten und Nicht-Experten verständlich ist

(Fortsetzung)

Tab. 4.1 (Fortsetzung)

Gestaltungsprinzipien	
Prinzip 4	Sicherstellung der Wartung von Projektwissen mittels Feedback-Mechanismen zur Nützlichkeit und Aktualität des Projektwissens
Prinzip 5	Dokumentation und Wiederverwendung von Projektwissen in allen Projektphasen
Prinzip 6	Motivation von Projektwissensmanagement durch die Einbindung von Funktionen, welche Emotionen erzeugen und motivieren

Die Gestaltungsprinzipien dienen als Vorgaben, welche die Entwicklung eines Projektwissensmanagementsystems in unterschiedlichen Kontexten unterstützen sollen. Basierend auf den Prinzipien wurde eine Instanz eines Projektwissensmanagementsystems implementiert, indem die grafische Oberfläche, Architektur und die Funktionalitäten erst in Form von Modellen, Skizzen und Mockups modelliert und anschließend in einem System umgesetzt wurden. Als Resultat entstand die ProjectWorld.

Bei der Gestaltung der grafischen Oberfläche der ProjectWorld wurde insbesondere darauf geachtet, dass „Spieler" alle wesentliche Projektinformationen auf einen Blick erhalten und mit nur einem Klick Zugriff auf relevante Dokumente, Erfahrungen und Meta-Informationen des Projektes bekommen. Durch den Einsatz von Funktionalitäten wie der Hoover-Funktion soll ein einfacher und schneller Zugriff, ohne unnötig viele Mausklicks, erreicht werden und somit die Gebrauchstauglichkeit der Anwendung gesteigert werden. Weiterhin wurde das gesamte Design an das Corporate Design der Movilitas Consulting GmbH angelehnt, sodass bei den Mitarbeitern ein hoher Wiedererkennungswert erzielt werden kann. Die Ziele und Anforderungen an das gamifizierte Projektwissensmanagementsystem wurden mittels regelmäßigen Abstimmungen mit verschiedenen Mitarbeitern sowie der Leitung des Unternehmens ermittelt und sind in das Design der Anwendung eingeflossen.

Für die konkrete Gestaltung der ProjectWorld wurden existierende Erkenntnisse aus der Wissenschaft über Wissensmanagement und Gamification zusammengetragen und auf ihre Umsetzbarkeit und Relevanz für das Forschungsprojekt geprüft. Eine detaillierte Zusammenfassung der Ergebnisse der systematischen Literaturstudie sowie der Anforderungserhebung kann in unseren Vorarbeiten nachgelesen werden (siehe Schacht et al. 2014, 2015). Ein wesentlicher Kritikpunkt bisheriger, gamifizierter Anwendungen ist eine Überbetonung von Punkten, Abzeichen (auch Badges genannt) und Ranglisten, was häufig auch als Pointification bezeichnet wird (Sjöklint et al. 2013). Obwohl aufgrund dieser Mechanismen

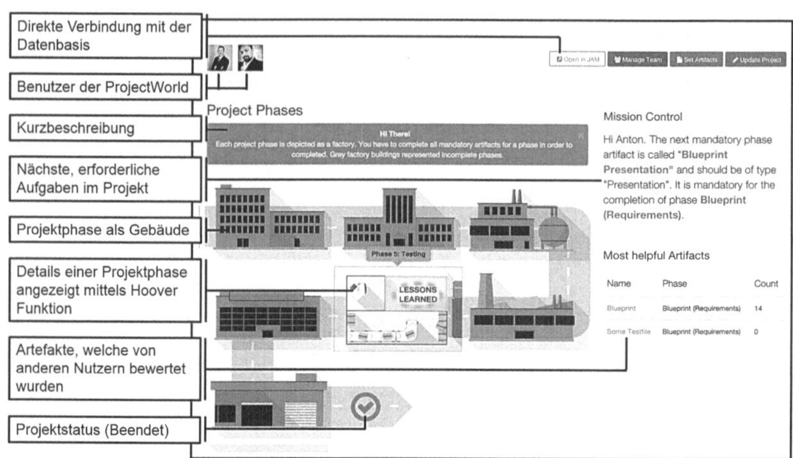

Abb. 4.1 Übersicht über ein Projekt in der ProjectWorld

durchaus ein positiver Effekt auf die Partizipation von Nutzern nachgewiesen werden kann, ist der Effekt nicht von Dauer und kann die ursprüngliche, intrinsische Motivation des Nutzers sogar untergraben (Thom et al. 2012). Daher fordern Wissenschaftler wie Laschke und Hassenzahl (2011) verstärkt die Umsetzung einer bedeutungsvollen Geschichte, welche zum einen die Nutzer der Anwendung auf ihren Verlauf neugierig machen und zum anderen die Ziele des Unternehmens und der Mitarbeiter berücksichtigen soll.

Inspiriert von der Vielzahl unterschiedlicher Spiele wie Bejeweled oder Tiny Death Star, wurde ProjectWorld in der Art eines Aufbauspiel gestaltet, in dem die Spielewelt im Verlauf der Zeit durch die Erledigung verschiedener Aufgaben entdeckt und weiter entwickelt wird. Ziel der Gamification Anwendung ist die gemeinschaftliche Gestaltung des Projektes in einer Projektwelt. Da das für die Movilitas zentrale Dienstleistungsangebot die Einführung und Anpassung von SAP-basierten Track & Trace Lösungen ist, welche die Nachverfolgung von Produkten ermöglichen sollen, wurde das Projekt in Form mehrerer Gebäude entlang einer Straße (wie an einem Fließband) dargestellt (vgl. Abb. 4.1). Jedes Gebäude in der Spielwelt entspricht dabei den einzelnen Phasen eines Projektes und besteht aus drei Räumen. Der erste Raum wird durch einen *Meeting Raum* symbolisiert, in dem die Erfahrungen und das Wissen der Projektmitarbeiter abgelegt werden. Im Meeting Raum der jeweiligen Projektphase kann der Nutzer nach bereits dokumentierten Projekterfahrungen suchen oder neues Wissen dokumentieren. Für die Suche nach bereits im Unternehmen existierendem Wissen, wurden

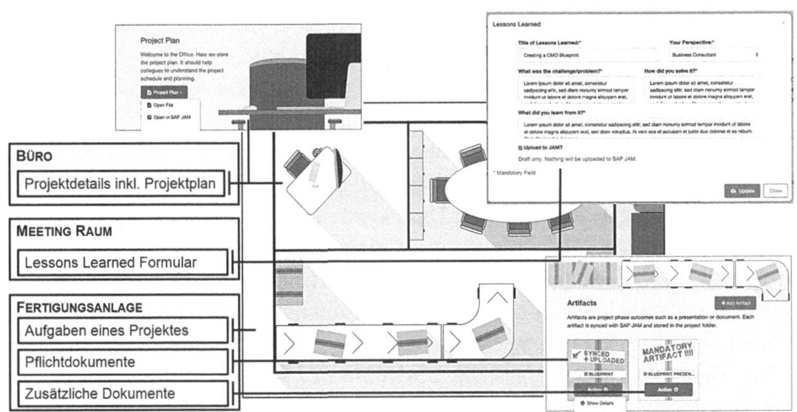

Abb. 4.2 Übersicht über eine Projektphase in der ProjectWorld

verschiedene Filter implementiert, welche den Nutzer bei der Identifikation von relevantem Wissen unterstützen sollen. Für die Dokumentation der Projekterfahrungen wurde auf die Problematik eingegangen, dass Projektmitglieder häufig nicht wissen, wie sie ihre Erfahrungen dokumentieren sollen. Welche Inhalte sollen aufgenommen werden? In welchem Format soll das Wissen festgehalten werden? Oftmals wissen die Projektmitglieder nicht, wie sie vorgehen sollen und fordern daher eine semi-strukturierte Vorlage als Unterstützung. Diese Forderung spiegelt sich insbesondere im dritten Gestaltungsprinzip (siehe Tab. 4.1) wider. Dabei ist es nicht nur erforderlich, dass der Nutzer mittels einer Vorstrukturierung klare Anweisungen zur Erstellung der Inhalte erhält, sondern auch der Kontext der Erfahrung erfasst wird. Durch eine Kurzbeschreibung des Hintergrunds der Projekterfahrung kann ein anderer Nutzer, welcher diese liest, schnell und einfach entscheiden, ob das jeweilige Wissen für dessen Projekt relevant ist. In der ProjectWorld wird die Dokumentation von Projektwissen durch ein Formular realisiert, in dem die Nutzer die folgenden fünf Felder ausfüllen müssen:

1. Kurztitel der dokumentierten Projekterfahrung
2. Perspektive des Verfassers auf die Projekterfahrung durch dessen organisationale Rolle
3. Kurzbeschreibung des Hintergrunds der Erfahrung (Was war das Problem?)
4. Kurzbeschreibung des Lösungsansatzes (Wie wurde das Problem gelöst?)
5. Kurzbeschreibung der wesentlichen Schlüsselelemente der Projekterfahrung (Was wurde aus der Situation gelernt?)

Zusätzlich zu der Kurzbeschreibung des Hintergrunds der Projekterfahrung erhält der Nutzer auch einen schnellen Einblick in die wesentlichen Details des Projektes wie den Projektplan, den Status oder die Projektmitglieder. Diese Informationen werden in aggregierter Form im zweiten Raum einer Projektphase – dem *Projektbüro* – dargestellt. Dieser Bereich sollte vor allem vom Projektleiter gepflegt werden. Alle im Büro abgelegten Dokumente und gesammelten Informationen werden für die Aufbereitung eines Projekt-Dashboards als Überblick für die Unternehmensleitung genutzt. Der dritte Raum ist eine *Fertigungsanlage,* in welchem die Arbeitspakete der jeweiligen Projektphase abgearbeitet und dokumentiert werden. Hier werden Aktivitäten, welche von den Teammitgliedern abgearbeitet werden müssen, vom Projektleiter angelegt. Diese Aktivitäten werden in Form von Paketen auf einem Fließband dargestellt. Des Weiteren können die Teammitglieder des Projektes auch eigene Pakete anlegen, in denen zusätzliche Ergebnisse und Dokumente abgelegt werden können. Offene sowie abgearbeitete Pakete werden über einen entsprechenden „Stempel" markiert und zeigen somit an, welche Aktivitäten als nächstes bearbeitet werden müssen und welche bereits bearbeitet wurden. Die einzelnen Räume einer Projektphase sind in Abb. 4.2 dargestellt.

Alle in der ProjectWorld abgelegten Unterlagen – vom Projektwissen, welches über ein Formular erfasst wird, bis hin zu den einzelnen Artefakten eines Projektes (z. B. Präsentation, Source-Code, etc.) – können in unterschiedlichen Formaten in der Datenbasis abgelegt werden und sind somit für jeden Mitarbeiter jederzeit verfügbar. Hierbei muss allerdings auch erwähnt werden, dass einige Projekte strengen Vertraulichkeitsauflagen unterliegen und daher nur die Projektmitglieder Zugriff auf die im Projekt erstellten Unterlagen haben dürfen. Der Zugriff auf die einzelnen Artefakte wird durch ein zugrunde liegendes Rollenmodell gesteuert.

Zusammenfassend kann man feststellen, dass durch die Anwendung des ADR Ansatzes die Berücksichtigung der organisationalen Gegebenheiten sowie der Kultur und Ziele des Unternehmens die Gestaltung der ProjectWorld einem design-getriebenen Prozess folgt. Die Verfolgung eines designgetriebenen Prozesses wird von einigen Wissenschaftlern im Bereich des Gamification gefordert (z. B. Paharia 2012), um reines Pointification zu verhindern und das gesamte Potenzial des Gamification-Ansatzes zu ermöglichen.

4.2 Ohne Punkte geht es nicht

Durch die Integration bestehender Anwendungen und die Gestaltung der ProjectWorld als ein Aufbauspiel, welches sich an die Produkte und das Corporate Design der Movilitas anlehnt, folgt die ProjectWorld bereits dem Aufruf der

Gestaltung von gamifizierten Anwendungen mit sinnhaftem Hintergrund (z. B. Laschke und Hassenzahl 2011). Nichtsdestotrotz scheint im Bereich des Projektwissensmanagements die Umsetzung einer gamifizierten Anwendung gänzlich ohne Punkte, Abzeichen und Ranglisten kaum möglich. Insbesondere in der Einführungsphase, in dem das System erst noch eine kritische Masse an Nutzern und Inhalten erreichen muss (Cold-Start Problem), können Punkte, Abzeichen und Ranglisten eine motivierende Wirkung bei den Systemnutzern haben (Li et al. 2012). Vor allem um die Aktualität, Nützlichkeit und Qualität des dokumentieren Wissens zu gewährleisten, sollten die Nutzer der ProjectWorld in der Lage sein, die erfassten Projekterfahrungen zu bewerten. Über Bewertungs- und Feedback-Mechanismen können wertvolle und aktuelle Beiträge von den weniger wertvollen oder veralteten Inhalten getrennt und somit das organisationale Wissen effektiv verwaltet werden. Hierbei wurde insbesondere darauf geachtet, dass sich die Bewertung auf die Erfahrungen und Artefakte des Projektes beziehen und nicht auf deren Verfasser. Die Bewertung kann von den Nutzern anonym mithilfe eines „Like"-Buttons durchgeführt werden. Somit kann dokumentiertes Wissen, welches sich als wertvoll erwiesen hat, entsprechend hervorgehoben werden. Von einer negativen Bewertung der Wissensdokumente haben wir abgesehen, um demotivierendes Feedback zu vermeiden. An dieser Stelle wollen wir jedoch anmerken, dass Technologie allein nicht die Lösung aller Wissensmanagementprobleme bedeutet. Wie bereits viele andere Wissenschaftler festgestellt haben (siehe Petter und Randolph 2009), ist Wissensmanagement ein sozialer Prozess, der zu einem erheblichen Maß auch aus direkter Interaktion zwischen den beteiligten Personen besteht. Die Wissensdokumentation und -wiederverwendung sowie die Verwaltung von dokumentiertem Wissen in der ProjectWorld bedürfen weiterhin der Unterstützung von zentralen, organisationalen Rollen. Im Rahmen des ADR Projektes haben wir diese Rolle Wissensintermediär genannt und dessen Notwendigkeit im zweiten Gestaltungsprinzip (vgl. Tab. 4.1) festgehalten. Die Feedback- und Bewertungsmechanismen erleichtern jedoch die Arbeit des Wissensintermediärs, da dieser besonders relevantes Wissen schneller identifizieren und von weniger relevantem oder veraltetem Wissen abgrenzen kann. Die Aufgaben und Verantwortlichkeiten eines Wissensintermediär als sozialer Teil des sozio-technischen Wissensmanagementsystems wird detailliert in unserer Vorarbeit (Schacht et al. 2015) beschrieben.

Die Bewertungsmechanismen sollen jedoch nicht nur der Verwaltung des dokumentierten Wissens dienen, sondern auch – vor allem in der Einführungsphase – die Nutzer motivieren, Inhalte in der ProjectWorld beizutragen. Für die Erstellung von Beiträgen, wie das Anlegen eines neuen Projektes, das Hochladen

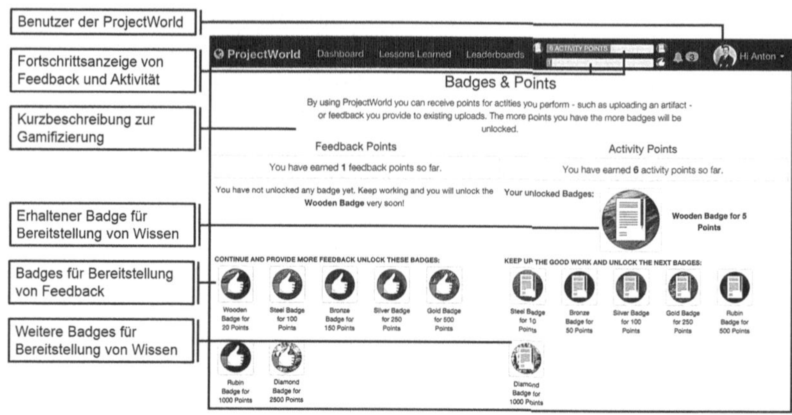

Abb. 4.3 Profilüberblick in der ProjectWorld

von projekt-bezogenen Dokumenten oder auch das Erstellen und Bereitstellen von Wissen können die Nutzer Punkte sammeln, welche sich in ihrem Spielerlevel widerspiegeln. Der jeweilige Level des Nutzers wird in dessen Arbeitsbereich innerhalb der ProjectWorld über eine Fortschrittsanzeige dargestellt. Zusätzlich zu den Punkten können Nutzer für ihre Aktivitäten auch Abzeichen sammeln. Es wurden zwei verschiedene Arten von Abzeichen in der ProjectWorld umgesetzt. Zum einen erhalten Nutzer unterschiedliche Abzeichen für das Erstellen von Wissensdokumenten. Je mehr Projekterfahrungen dokumentiert und bereitgestellt werden, desto höherwertiger ist das dafür erhaltene Abzeichen. Ein zweites Abzeichen erhalten die Nutzer der Anwendung für die Bewertung der Projekterfahrungen anderer Nutzer. Wer Feedback zu Nützlichkeit, Aktualität und Qualität der Wissensdokumente bereitstellt, erhält ein Abzeichen, welches ebenfalls durch häufiges Bereitstellen von Feedback verbessert werden kann. Jeder Nutzer kann seinen eigenen Fortschritt und den seiner Kollegen in einem entsprechenden Nutzerprofil beobachten. Durch die Transparenz der erhaltenen Abzeichen und Punkte für alle Benutzer der ProjectWorld soll die Motivation gesteigert werden, Feedback bereitzustellen und Wissen zu dokumentieren. Eine Profilübersicht sowie die erhaltenen und möglichen Abzeichen sind in Abb. 4.3 dargestellt.

Feedback zu den Projekterfahrungen nutzt nicht nur dem Sammler von Feedback-Badges, sondern vielmehr auch dessen Verfasser. Ein Mitarbeiter sagte während eines Interviews diesbezüglich: „Wenn jemand zu dir sagt ‚Ich habe die Lessons Learned gelesen und dank dir wurde das Problem für uns sichtbar‘, dann – denke ich – ist das Anerkennung genug." Weiterhin wird basierend auf dem Feedback zu Projekterfahrungen eine entsprechende Rangliste erstellt, in dem besser bewertete Erfahrungen in der Rangliste aufsteigen. Die Rangliste wird ebenfalls im Arbeitsbereich der Nutzer angezeigt und ermöglicht einen schnellen Überblick über das wertvollste Projektwissen.

4.3   Architektur und Implementierung der ProjectWorld

Als Grundlage der ProjectWorld und somit auch als Datenbasis wurde die bereits von der Movilitas genutzte, soziale Netzwerk-Softwareplattform SAP JAM verwendet. Hauptbestandteil von SAP JAM ist die geteilte Wissensverwaltung in Gruppen über eine Dokumentenablage. Um die Erweiterung von SAP JAM so einfach wie möglich zu gestalten, wurde die ProjectWorld als eigenständige Webanwendung konzipiert, welche SAP JAM als darunterliegende Datenbasis und Nutzerverwaltung verwendet. Die Authentifizierung und Autorisierung von Nutzern erfolgt durch SAP JAM über die von JAM bereitgestellte OAuth-Schnittstelle. Diese ermöglicht die nur einmalige Anmeldung durch den Nutzer (Single Sign-On) und minimiert so die Einstiegshürde für die Benutzer. Über eine OData-Schnittstelle können Daten aus externen Systemen in SAP JAM integriert werden. Jedes in der ProjectWorld verwaltete Projekt wird durch einen Ordner in der JAM Dokumentenablage repräsentiert. Das Anlegen der Ordner erfolgt automatisiert beim Erstellen eines neuen Projekts in der ProjectWorld. Dabei folgt jedes Track & Trace Projekt einem von Movilitas vordefinierten Projektphasen-Standard mit sieben allgemeinen Projektphasen. Für jede dieser Phasen wird zusätzlich ein Unterordner in SAP JAM angelegt, um die geordnete Ablage von Phasenergebnissen im Projektordner zu ermöglichen. Alle inhaltlich relevanten Dokumente und Projekterfahrungen werden durch die ProjectWorld automatisch, an logisch geordneten Punkten in SAP JAM abgelegt. Dadurch wird die nachhaltige und zentrale Nutzung des Wissens ermöglicht und der Mehrwert von SAP JAM als unternehmensweite Plattform gesteigert.

ProjectWorld bietet weiterhin ein dynamisches, AJAX-basiertes User-Interface (UI) mit Fokus auf Übersichtlichkeit und intuitiver Bedienung. Durch die Verwendung des freien UI-Frameworks Bootstrap konnten bekannte Bedienkonzepte aus modernen Web-Anwendungen effizient umgesetzt werden. Um die speziellen Anforderungen der ProjectWorld umzusetzen, wurde Bootstrap erweitert und das Design an die Movilitas Corporate Identity angepasst. Backend und Frontend wurden entkoppelt und über eine interne REST-API als Drei-Schichten-Architektur konzipiert. Um die gewünschte Dynamik der Anwendung zu erreichen, wurde JavaScript eingesetzt und ein besonderer Fokus auf eine client-seitige Validierung und Verarbeitung gelegt. Durch das AJAX-Frontend werden schnelle Antwortzeiten erreicht, da lediglich bestimmte Komponenten der Anwendung asynchron nachgeladen werden. Die Grundstruktur der ProjectWorld unterteilt sich in Projekte und Projektphasen. Jede Projektphase untereilt sich wiederum in die Komponenten Artefakte, Projektplan und Projekterfahrungen. Alle hochgeladenen Dokumente werden in Echtzeit an SAP JAM übertragen und in den zuvor angelegten Phasen-Ordnern abgelegt.

Die ProjectWorld in der Movilitas

5

Nach ihrer Fertigstellung wurde die ProjectWorld in einem Soft-Launch-Verfahren bei der Movilitas eingeführt. Zu Beginn erhielt eine kleine, ausgewählte Gruppe von Mitarbeitern einen Zugang zur ProjectWorld, um diese vor der Einführung in einer kompletten Abteilung zu testen. Die Gruppe bestand aus einem Geschäftsführer, einem Projektmanager sowie zwei weiteren Mitarbeitern des Unternehmens. Mithilfe der ersten Testgruppe konnten kleinere Fehlfunktionen behoben werden. Weiterhin wurde basierend auf deren Feedback für jeden Nutzer ein Nutzerprofil angelegt, über welches der Mitarbeiter einen schnellen Einblick über seine gesammelten Punkte und seinen Fortschritt in der ProjectWorld erhalten kann. Auf besonderen Wunsch des Geschäftsführers wurde zusätzlich auch eine Gesamtübersicht über die einzelnen Projekte im Unternehmen eingeführt. Da im Büro jedes Projektes die einzelnen Meta-Daten des Projektes (z. B. Budget, Mitarbeiter, Laufzeit) abgelegt werden, können diese Daten für einen Überblick in einem Projekt-Dashboard aggregiert werden. Wählt der Geschäftsführer ein Projekt zur näheren Ansicht aus, so erhält er nun einen Überblick über den aktuellen Status des Projektes. Damit sind die Geschäftsführer in der Lage, die laufenden sowie vergangenen Projekte zu überblicken und Einsicht in die Meta-Daten der einzelnen Projekte zu erhalten.

Nachdem einige Verbesserungen an der Anwendung vorgenommen wurden, wurde die ProjectWorld dem gesamten Track & Trace Team der Movilitas vorgestellt. In einem Meeting (teils über Telefonkonferenz und teils physischer Anwesenheit) wurde allen Mitarbeiter der Track & Trace Abteilung erst das Ziel der Anwendung erläutert und anschließend das gamifizierte Wissensmanagementsystem in einer Live-Demonstration vorgestellt. Hiernach wurden die Fragen aller Mitarbeiter über das System durch das Entwicklerteam beantwortet.

© Springer Fachmedien Wiesbaden 2016   31
S. Schacht et al., *Projektwissen spielend einfach managen mit der ProjectWorld,*
essentials, DOI 10.1007/978-3-658-14854-6_5

5.1   Vorgehen zur Evaluation der ProjectWorld

Für die Evaluation der ProjectWorld wurde die Anwendung vorerst bewusst nur in der Track & Trace Abteilung eingeführt, um einen Vergleich zwischen Nutzern der gamifizierten Anwendung und Nutzern des Basissystems SAP JAM zu ermöglichen. Wie bereits zuvor erwähnt, können gamifizierte Anwendungen den Benutzer in den Zustand der kognitiven Vertiefung (Flow) versetzen, wenn die Anwendung entsprechend gestaltet wurde. Für die Evaluation der ProjectWorld wurde daher auf das Konstrukt der kognitiven Vertiefung zurückgegriffen. Die Evaluation der Anwendung erfolgte in zwei Abteilungen der Movilitas. Bei der ersten Abteilung handelt es sich um die Track & Trace Abteilung, in welcher die ProjectWorld realisiert wurde. Für einen Vergleich wurde eine zweite Abteilung herangezogen, welche eine ähnliche Struktur in ihren Aufgaben und der Zusammensetzung der Mitarbeiter aufweist. Hierfür wurde die Abteilung ausgewählt, welche sich insbesondere mit mobilen Lösungen (im Folgenden kurz Mobile genannt) beschäftigt. Während die Mitarbeiter der Track & Trace Abteilung die Wahl zwischen der Verwendung der ProjectWorld als gamifizierte Anwendung und der Nutzung der Basisanwendung SAP JAM hatten, konnten die Mitarbeiter der Mobile Abteilung lediglich auf die SAP JAM Plattform für die Dokumentation ihrer Projekterfahrungen zurückgreifen. Einen Monat nach der Einführung der ProjectWorld, wurde ein Online-Fragebogen an alle Mitarbeiter beider Abteilungen (Track & Trace und Mobile) versendet. Mittels dieses Fragebogens sollten beide Anwendungen (die ProjectWorld und SAP JAM), welche alle für das Wissensmanagement von Projekterfahrungen relevanten Funktionalitäten besitzen, auf ihre Fähigkeiten den Nutzer in den Zustand der kognitiven Vertiefung versetzen zu können, untersucht und verglichen werden. Für beide Gruppen wurde der gleiche Fragebogen verwendet. Lediglich der Name der untersuchten Anwendung wurde ausgetauscht.

Agarwal und Karahanna (2000) konnten zeigen, dass sich die kognitive Vertiefung aus fünf Dimensionen zusammensetzt: Die empfundene **zeitliche Trennung** (eng. temporal dissociation) ist die erste Dimension, welche den Zustand der kognitiven Vertiefung kennzeichnet. Die zeitliche Trennung beschreibt den Zustand, in dem der Nutzer nicht mehr realisiert, wie die Zeit vergeht, während er eine Aktivität ausführt. Wer kennt das nicht? Wenn man in einer spannenden Aktivität vertieft ist, scheint die Zeit schneller zu vergehen, als bei langweiligen Aktivitäten. Das **fokussierte Eintauchen** (eng. focused immersion) in eine Aktivität beschreibt die zweite Dimension, in der ein Nutzer seine Umgebung nicht mehr wahrnimmt und andere Anforderungen im Grunde ignoriert. Das kann soweit führen, dass der Nutzer sogar Grundbedürfnisse wie Hunger oder Müdigkeit unberücksichtigt lässt. Die dritte Dimension beschreibt das **erhöhte Vergnügen** (eng. heightened enjoyment) und erfasst die erfreulichen Aspekte einer Interaktion. Die vierte Dimension der **Kontrolle** (eng. control) reflektiert die Wahrnehmung des Nutzers, jegliche Interaktionen kontrollieren zu können. Wie bereits in der Flow Theorie (vgl. Abschn. 3.3) beschrieben, hat nur dann eine Aktivität das Potential den Nutzer in den Zustand der kognitiven Vertiefung zu versetzen, wenn die Herausforderungen durch die Anwendung an die Fähigkeiten des Nutzers angepasst sind – er also zu jeder Zeit die vollkommene Kontrolle über die Interaktion hat. Die fünfte und letzte Dimension der kognitiven Vertiefung wird durch die empfundene **Neugierde** (eng. curiosity) der Nutzer beschrieben. Nur wenn der Nutzer daran interessiert ist, wie die spielerische Interaktion in der Anwendung fortgesetzt wird, kann der Zustand der kognitiven Vertiefung erreicht werden. Der Fragebogen, welcher zur Messung der fünf Dimensionen der kognitiven Vertiefung herangezogen wurde, basiert auf der Vorarbeit von Agarwal und Karahanna (2000). Für die Umfrage in der Movilitas wurde die von Agarwal und Karahanna (2000) bereitgestellten Fragen übersetzt und in ein Umfragesystem übertragen (siehe Abb. 5.1).

Jede der Fragen wurde mit einer 7-Punkt-Likert-Skala umgesetzt, bei der alle Teilnehmer die Frage innerhalb des Spektrums von „Ich stimme voll zu" bis hin zu „Ich stimme überhaupt nicht zu" beantworten konnten. Neben Fragen zu den einzelnen Dimensionen der kognitiven Vertiefung, wurden weiterhin Fragen zur empfundenen Leichtigkeit der Nutzung sowie die empfundene Nützlichkeit der Anwendung, zur Intentionen der Nutzer die jeweilige Anwendung zur Wissensdokumentation, -teilung und -wiederverwendung zu nutzen sowie zur Verspieltheit der Anwendungen gestellt.

5.2 Die ProjectWorld macht Spaß – Ergebnisse der Evaluation

Für die Bewertung der ProjectWorld wurden insgesamt 84 Mitarbeiter aus den Abteilungen Mobile und Track & Trace zur Teilnahme an der Evaluation eingeladen, von denen 34 Mitarbeiter aus der Track & Trace und 11 Mitarbeiter aus der Mobile Abteilung den Fragebogen vollständig ausgefüllt haben. Tab. 5.1 gibt einen Überblick über die Zusammensetzung der beiden Teilnehmergruppen.

Die Ergebnisse der beiden Gruppen wurden mittels eines t-Test auf signifikante Unterschiede zwischen beiden Gruppen untersucht. Für drei der im Fragebogen abgefragten fünf Konstrukte konnten wir für die Track & Trace Gruppe

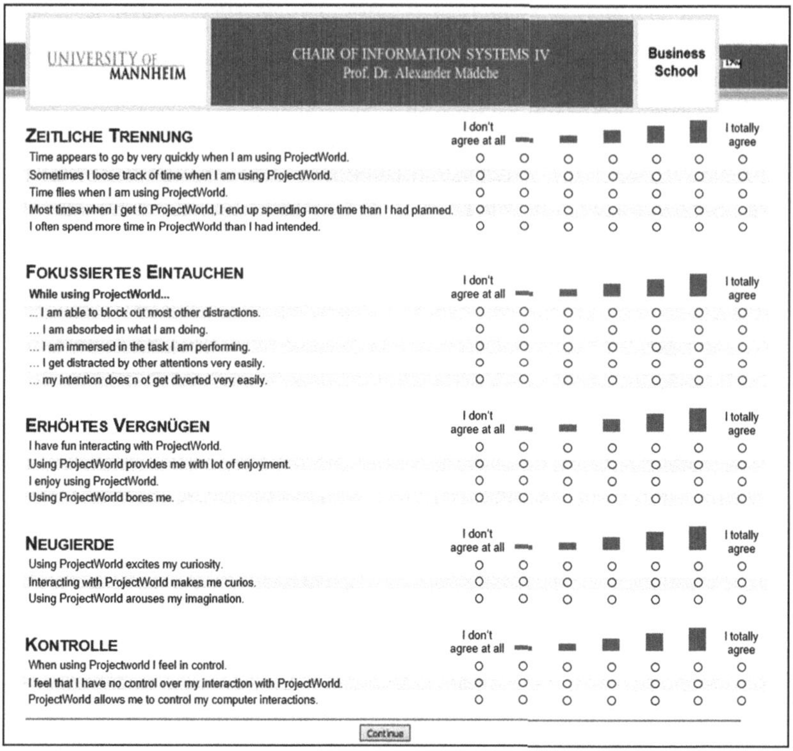

UNIVERSITY OF MANNHEIM

CHAIR OF INFORMATION SYSTEMS IV
Prof. Dr. Alexander Mädche

Business School

ZEITLICHE TRENNUNG

I don't agree at all — I totally agree

Time appears to go by very quickly when I am using ProjectWorld.
Sometimes I loose track of time when I am using ProjectWorld.
Time flies when I am using ProjectWorld.
Most times when I get to ProjectWorld, I end up spending more time than I had planned.
I often spend more time in ProjectWorld than I had intended.

FOKUSSIERTES EINTAUCHEN

While using ProjectWorld...

I don't agree at all — I totally agree

... I am able to block out most other distractions.
... I am absorbed in what I am doing.
... I am immersed in the task I am performing.
... I get distracted by other attentions very easily.
... my intention does n ot get diverted very easily.

ERHÖHTES VERGNÜGEN

I don't agree at all — I totally agree

I have fun interacting with ProjectWorld.
Using ProjectWorld provides me with lot of enjoyment.
I enjoy using ProjectWorld.
Using ProjectWorld bores me.

NEUGIERDE

I don't agree at all — I totally agree

Using ProjectWorld excites my curiosity.
Interacting with ProjectWorld makes me curios.
Using ProjectWorld arouses my imagination.

KONTROLLE

I don't agree at all — I totally agree

When using Projectworld I feel in control.
I feel that I have no control over my interaction with ProjectWorld.
ProjectWorld allows me to control my computer interactions.

Continue

Abb. 5.1 Fragebogen zur Erfassung der fünf Dimensionen der kognitiven Vertiefung

Tab. 5.1 Deskriptive Statistik der Evaluationsteilnehmer

	Track & Trace	Mobile
Anzahl der eingeladenen Teilnehmer	55	29
Anzahl der ausgefüllten Fragebögen	34	11
Durchschnittsalter	32,4 Jahre	40,0 Jahre
Anzahl weiblicher Teilnehmer	4	0
Anzahl männlicher Teilnehmer	30	11
Durchschnittliche Berufserfahrung	9,3 Jahre	17,6 Jahre
Durchschnittliche Anstellung bei Movilitas	16 Jahre	21,4 Jahre

signifikant bessere Ergebnisse ermitteln. So bestätigte uns die Track & Trace Gruppe, dass die ProjectWorld nicht nur eine verspieltere Anwendung ist, sondern auch in Bezug auf drei von fünf Dimensionen signifikant höheres Potenzial hat, den Nutzer in den Zustand der kognitiven Vertiefung zu versetzen. Lediglich die empfundene Kontrolle über die Anwendung und das fokussierte Eintauchen war in beiden Gruppen nahezu gleich. Beide Gruppen haben sowohl für die SAP JAM Plattform als auch für die ProjectWorld zu jeder Zeit das Gefühl die vollständige Kontrolle über die Anwendung zu haben. Das lässt sich damit erklären, dass die Funktionen auf der SAP JAM Plattform bereits recht intuitiv zu bedienen sind und die ProjectWorld diese Funktionen lediglich mit einer neuen, grafischen Oberfläche verfeinert und spielerische Elemente hinzugefügt hat. Bezüglich des fokussierten Eintauchens ist zu vermuten, dass der bedeutungsvolle Rahmen der ProjectWorld noch nicht vollständig erfasst wurde. Das fokussierte Eintauchen in eine Anwendung wird durch eine für den Nutzer interessante Geschichte mit deutlichem Bezug auf dessen Aktivitäten am Arbeitsplatz ermöglicht. Aktuell ist die ProjectWorld lediglich eine andere Darstellungsform der in der SAP JAM Plattform abgelegten Daten. Zur Steigerung des fokussierten Eintauchens können die Entwicklung einer bedeutungsvollen Geschichte und der Einsatz eines Avatars hilfreich sein. Auch passt sich momentan die ProjectWorld noch nicht an die Fähigkeiten des Nutzers an. Der Einsatz eines Avatars hat auch hier das Potenzial, dass der Nutzer diesen im Verlauf des „Spiels" weiterentwickelt und mit den Avataren anderer Nutzer vergleichen kann. Somit entsteht ein Gefühl der sozialen Verbundenheit (Siemens et al. 2015) und ermöglicht das fokussierte Eintauchen. Durch die Entwicklung einer bedeutungsvollen Geschichte kann der Nutzer das Gefühl entwickeln, zu einem größeren Gesamtziel (eng. epic meaning) beizutragen. Dieses Gefühl – eines der In-Person Mechanismen – ist für Gamification Anwendungen ein zentrales Mittel, Nutzer langfristig zur Partizipation zu motivieren. Während die Gamification Mechanismen keine signifikanten Auswirkungen auf die empfundene Kontrolle und das fokussierte Eintauchen auf den Nutzer haben, ermöglicht die ProjectWorld ein deutlich erhöhtes Vergnügen und Neugierde auf den Verlauf in der ProjectWorld sowie die zeitliche Trennung. Daher können wir aus den Ergebnissen der Evaluation schließen, dass die Umsetzung der Gamification Mechanismen die ProjectWorld insgesamt zu einer für den Nutzer interessanten Anwendung macht und diesen bei der Nutzung stärker in den Zustand der kognitiven Vertiefung versetzt als die Nutzer der SAP JAM Plattform. Bezüglich der kognitiven Vertiefung können wir zusammenfassend sagen, dass Gamification Mechanismen im Allgemeinen durchaus das Potenzial haben, den Nutzer stärker zu motivieren, sich stärker zu engagieren und Inhalte auf einer

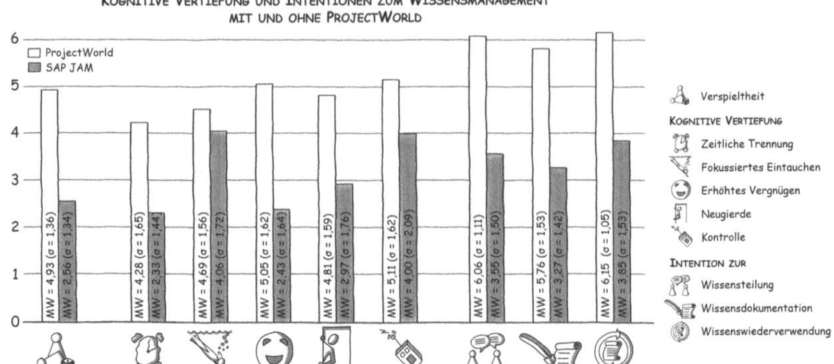

Abb. 5.2 Evaluationsergebnisse der ProjectWorld

Plattform beizutragen. Insbesondere bezüglich der fokussierten Vertiefung bedarf die ProjectWorld jedoch einiger Überarbeitungen und Weiterentwicklungen, damit der Nutzer ein stärkeres Gefühl entwickeln kann, zu einem bedeutungsvollen Gesamtziel beizutragen. Mit dieser Erkenntnis konnten wir auch die Relevanz der In-Person Mechanismen für den Erfolg von Gamification Anwendungen zeigen.

Neben den Effekten der Gamification Anwendung auf das Potential zur kognitiven Vertiefung war eines der wesentlichen Ziele der ProjectWorld, den Nutzer dazu zu motivieren, seine Erfahrungen aus dem Projekt in der Plattform zu dokumentieren, mit anderen zu teilen und nach weiteren, relevanten Erkenntnissen zu suchen. Daher wurden die Teilnehmer im Fragebogen auch zu ihrer Intention bezüglich dieser Aktivitäten des Wissensmanagements befragt. Auch hier konnten für die ProjectWorld signifikant höhere Werte ermittelt werden. Somit sind die Nutzer der ProjectWorld deutlich mehr motiviert, ihr Wissen zu dokumentieren, mit ihren Kollegen zu teilen und ihr eigenes Wissen zu erweitern, indem sie in der ProjectWorld nach weiterem, für sie relevantem Wissen suchen. Abb. 5.2 stellt die Ergebnisse der Evaluation der ProjectWorld für einen Überblick dar.

Zusammenfassend scheint es, dass die ProjectWorld alle Aspekte des Wissensmanagements in Projekten positiv zu beeinflussen. Lediglich mit Bezug auf das fokussierte Eintauchen muss die ProjectWorld zukünftig noch weiterentwickelt werden.

Zusammenfassung 6

Dieses *essential* beschreibt unsere Arbeit im Bereich des Wissensmanagements in Projekten, welches häufig nur unzureichend durchgeführt wird und zu immer wieder gleichen Fehlern oder Lösungen führt. Für organisationales Lernen ist aber die Dokumentation und Wiederverwendung von relevantem Wissen essenziell. Mit der ProjectWorld stellen wir eine gamifizierte Anwendung vor, welche als einen ersten Schritt hin zur dritten Generation der Wissensmanagementsysteme betrachtet werden kann. Die ProjectWorld ermöglicht ihren Nutzern auf spielerische Weise, Wissen zu dokumentieren, mit ihren Kollegen zu teilen und nach relevantem Wissen zu suchen. Durch die sinnvolle Einbeziehung vom Gamification Mechanismen schafft es die ProjectWorld, ihre Nutzer zur aktiven Teilnahme am Wissensmanagement zu motivieren. Da Gamification in der Wissenschaft noch ein recht neuer Trend ist, gibt es bis heute nicht viele Studien, die die Wirksamkeit von Gamification Anwendungen demonstrieren. Mit der Einführung und Evaluation der ProjectWorld bei der Movilitas konnten wir zeigen, dass Gamification durchaus das Potenzial hat, den Nutzer in den Zustand der kognitiven Vertiefung zu versetzen. Nutzer der ProjectWorld sind nachweislich motivierter, ihr Wissen zu dokumentieren und haben dabei mehr Spaß bei der Nutzung der Anwendung. Auch wenn einige Weiterentwicklungen erforderlich sind, so konnten wir mit der ProjectWorld zeigen, dass Gamification – richtig angewendet – durchaus das Potenzial hat, einen Nutzer zu Aufgaben zu motivieren, die in der Regel als lästig, langweilig oder überflüssig empfunden werden.

© Springer Fachmedien Wiesbaden 2016
S. Schacht et al., *Projektwissen spielend einfach managen mit der ProjectWorld*,
essentials, DOI 10.1007/978-3-658-14854-6_6

Was sie aus diesem *essential* mitnehmen können

- Wissensmanagement in Projekten ist eine komplexe Aufgabe, welches sowohl soziale als auch technologische Mechanismen erfordert
- Heutige Wissensmanagementsysteme sind für Wissensmanagement nur unzureichend
- Gamification kann die Lösung für modernes Wissensmanagement sein, wenn es richtig gestaltet wurde
- Gamification erfordert die Einbindung von In-Game und In-Person Mechanismen, um sowohl extrinsisch als auch intrinsisch motivierend zu wirken
- Mit der ProjectWorld – einem gamifizierten Wissensmanagementsystem für Projekte – können nahezu alle fünf Dimensionen der kognitiven Vertiefung verbessert werden

© Springer Fachmedien Wiesbaden 2016
S. Schacht et al., *Projektwissen spielend einfach managen mit der ProjectWorld*, essentials, DOI 10.1007/978-3-658-14854-6

Literatur

1. Agarwal, R., & Karahanna, E. (2000). Time flies when you're having fun: Cognitive absorption and beliefs about information technology usage. *MIS Quarterly, 24*(4), 665–694. doi:10.2307/3250951.
2. Bree, J. van. (2011). The end of the rainbow: In search of crossing points between organizations and games. In *Proceedings of DiGRA 2011 conference: Think design play.*
3. Burke, M., & Hiltbrand, T. (2011). How gamification will change business intelligence. *Business Intelligence Journal, 16*(2), 8–16.
4. Cramer, H., Zeynep, A., Holmquist, L. E., & Rost, M. (2011). Gamification and location- sharing: some emerging social conflicts. In *Proceedings of the CHI 2011 workshop on gamification* (S. 30–33).
5. Csikszentmihalyi, M. (1975). *Beyond boredom and anxiety.* San Francisco: Jossey-Bass Publishers. doi:10.2307/2065805.
6. Denny, P. (2013). The effect of virtual achievements on student engagement. In *Proceedings of the SIGCHI conference on human factors in computing systems – CHI '13* (S. 763–772).
7. Deterding, S., Dixon, D., Khaled, R., & Nacke, L. (2011). From game design elements to gamefulness: Defining „gamification." In *Proceedings of the 15th international academic mindTrek conference on envisioning future media environments – MindTrek '11* (S. 9–15).
8. Digitale Spielwiese Blog (2012). Beispiele gelungener Gamification – Best Cases. http://www.adtractive.de/digitale-spielwiese/2012/10/14/beispiele-gelungener-gamification-best-cases/. Zugegriffen: 28. Apr. 2016.
9. Firestone, J. M., & McElroy, M. W. (2003). *Key issues in knowledge management.* Burlington: KMCI Press.
10. Fogg, B. (1998). Persuasive computers: perspectives and research directions. In *Proceedings of the SIGCHI conference on human factors in computing systems*, 225–232. doi:10.1145/274644.274677.
11. Frankfurter Allgemeine. (2012). Zocken bis zur Festanstellung. http://www.faz.net/aktuell/beruf-chance/gamification-zocken-bis-zur-festanstellung-11922644.html. Zugegriffen: 28. Apr. 2016.

© Springer Fachmedien Wiesbaden 2016

S. Schacht et al., *Projektwissen spielend einfach managen mit der ProjectWorld,* essentials, DOI 10.1007/978-3-658-14854-6

12. Hamari, J., Koivisto, J., & Pakkanen, T. (2014). Do Persuasive Technologies Persuade? - A Review of Empirical Studies. In A. Spagnolli, L. Chittaro, & L. Gamberini (Hrsg.), *Persuasive Technology SE – 11* (S. 118–136). Cham: Springer International Publishing.

13. Hasan, H., & Pfaff, C. C. (2006). The Wiki. In *Proceedings of the 20th conference of the computer-human interaction special interest group (CHISIG) of Australia on computer-human interaction: Design, activities, artefacts and environments – OZCHI '06* (S. 377–380).

14. Hsu, J. S.-C., Shih, S.-P., Chiang, J. C., & Liu, J. Y.-C. (2012). The impact of transactive memory systems on IS development teams' coordination, communication, and performance. *International Journal of Project Management, 30*(3), 329–340. doi:10.1016/j.ijproman.2011.08.003.

15. Laschke, M., & Hassenzahl, M. (2011). Mayor or patron? the difference between a badge and a meaningful story. In *Proceedings of the CHI 2011 workshop on gamification* (S. 72–75).

16. Lawley, E. (2012). Games as an alternate lens for design. *Interactions, 19*(4), 16–17. doi:10.1145/2212877.2212883.

17. Lee, H., & Joung, J.-W. (2000). An enterprise model repository: Architecture and system. *Journal of Database Management, 11*(1), 16–28. doi:10.4018/jdm.2000010102.

18. Lee, J. J., & Hammer, J. (2011). Gamification in education: What, how, why bother? *Academic Exchange Quarterly, 15*(2), 1–5.

19. Lewis, C., Wardrip-Fruin, N., & Whitehead, J. (2012). Motivational game design patterns of 'ville games. In *Proceedings of the international conference on the foundations of digital games FDG 12* (S. 172–179). doi:10.1145/2282338.2282373.

20. Li, Z., Huang, K., & Cavusoglu, H. (2012). Quantifying the impact of badges on user engagement in online Q&A communities. In *ICIS 2012 Proceedings*.

21. Mekler, E. D., Brühlmann, F., Opwis, K., & Tuch, A. N. (2013). Do points, levels and leaderboards harm intrinsic motivation? In *Proceedings of the first international conference on gameful design, research, and applications – gamification '13* (S. 66–73).

22. Meloche, J. A., Hasan, H. M., Willis, D., Pfaff, C., & Qi, Y. (2009). Co-creating corporate knowledge with a Wiki. *International Journal of Knowledge Management, 5*(2), 33–50. doi:10.4018/jkm.2009040103.

23. Microsoft Blog. (2011). Microsoft's Ross Smith asks shall we play a game? http://blogs.microsoft.com/next/2011/05/16/microsofts-ross-smith-asks-shall-we-play-a-game/#sm.0000fyojpgzsfd5yx1w1ti21akjuf. Zugegriffen: 28. Apr. 2016.

24. Mutter, T., & Kundisch, D. (2014). Behavioral mechanisms prompted by badges: The goal-gradient hypothesis. In *ICIS 2014 Proceedings*.

25. Nonaka, I., Toyama, R., & Konno, N. (2000). SECI, Ba and Leadership: A unified model of dynamic knowledge creation. *Long Range Planning, 33*(1), 5–34. doi:10.1016/S0024-6301(99)00115-6.

26. Paharia, R. (2012). Gamification means amplifying intrinsic value. *Interactions, 19*(4), 17. doi:10.1145/2212877.2212883.

27. Palmisano, J. (2009). Motivating knowledge contribution in virtual communities of practice: Roots, Progress and Needs. In *AMCIS 2009 Proceedings*.

28. Petter, S., & Randolph, A. B. (2009). Developing soft skills to manage user expectations in IT projects: Knowledge reuse among IT project managers. *Project Management Journal, 40*(4), 45–59. doi:10.1002/pmj.20130.

29. Recruitainment Blog. (2015). ,10-Minuten Online-Praktika': Deloitte macht Ausbildungsberufe spielerisch erlebbar. http://blog.recrutainment.de/2015/10/06/10-minuten-online-praktika-deloitte-macht-ausbildungsberufe-spielerisch-erlebbar/. Zugegriffen: 28. Apr. 2016.

30. Schacht, M., & Schacht, S. (2012). Start the game: Increasing user experience of enterprise systems following a gamification mechanism. In A. Maedche, A. Botzenhardt, & L. Neer (Hrsg.), *Software for people SE – 11* (S. 181–199). Berlin: Springer.

31. Schacht, S., Morana, S., & Maedche, A. (2014). The project world – gamification in project knowledge management. In *ECIS 2014 Proceedings.*

32. Schacht, S., Morana, S., & Maedche, A. (2015). The evolution of design principles enabling knowledge reuse for projects – an action design research project. *Journal of Information Technology Theory and Application (JITTA), 16*(2), 5–36. Article 1.

33. Schwartz, D. G., & Tauber, D. (2009). Toward a maturity model for knowledge management systems integration. In W. R. King (Hrsg.), *Knowledge Management and Organizational Learning SE - 5* (Bd. 4, S. 59–78). Berlin: Springer.

34. Sein, M. K., Henfridsson, O., Purao, S., Rossi, M., & Lindgren, R. (2011). Action Design Research. *MIS Quarterly, 35*(1), 37–56. doi:10.1080/0268396022000017725.

35. Siemens, J. C., Smith, S., Fisher, D., Thyroff, A., & Killian, G. (2015). Level up! the role of progress feedback type for encouraging intrinsic motivation and positive brand attitudes in public versus private gaming contexts. *Journal of Interactive Marketing, 32*, 1–12. doi:10.1016/j.intmar.2015.07.001.

36. Sjöklint, M., Constantiou, I., & Trier, M. (2013). Numerical representations and user behaviour in social networking sites: Towards a multi- theoretical research framework. In *ECIS 2013 Proceedings.*

37. Spiegel Online. (2013). S.P.O.N. – Die Mensch-Maschine: Google macht die Welt zum Spielfeld. http://www.spiegel.de/netzwelt/web/google-ingress-die-ganze-welt-als-spiel-a-902267.html. Zugegriffen: 28. Apr. 2016.

38. Susi, T., Johannesson, M., & Backlund, P. (2007). Serious games – An overview. *Elearning, 73*, 1–28. doi:10.1.1.105.7828.

39. Thom, J., Millen, D., & DiMicco, J. (2012). Removing gamification from an enterprise SNS. In *Proceedings of the ACM 2012 Conference on computer supported cooperative work – CSCW '12* (S. 1067–1070).

40. Tourismus Blog. (2013). Leichtes Spiel mit Gamification – neuer Trend – viele Beispiele! http://www.tourismuszukunft.de/2013/06/leichtes-spiel-mit-gamification-neuer-trend-viele-beispiele/. Zugegriffen: 28. Apr. 2016.

41. Zuckerman, O., & Gal-Oz, A. (2014). Deconstructing gamification: Evaluating the effectiveness of continuous measurement, virtual rewards, and social comparison for promoting physical activity. *Personal and Ubiquitous Computing, 18*(7), 1705–1719. doi:10.1007/s00779-014-0783-2.

}essentials{

HMD Best Paper Award – *essentials* mit ausgezeichnetem Inhalt

Mit dem »HMD Best Paper Award« werden alljährlich die drei besten Beiträge eines Jahrgangs der Zeitschrift »HMD – Praxis der Wirtschaftsinformatik« gewürdigt. Die prämierten Beiträge sind nun als *essentials* verfügbar!

HMD Best Paper Award 2015

M. M. Herterich/F. Uebernickel/W. Brenner: **Industrielle Dienstleistungen 4.0**
ISBN print 978-3-658-13910-0; ISBN eBook 978-3-658-13911-7

P. Lotz: **E-Commerce und Datenschutzrecht im Konflikt**
ISBN print 978-3-658-14160-8; ISBN eBook 978-3-658-14161-5

S. Schacht/A. Reindl/S. Morana/A. Mädche: **Projektwissen spielend einfach managen mit der ProjectWorld**
erscheint 2016

HMD Best Paper Award 2014

T. Walter: **Bring your own Device**
ISBN print 978-3-658-11590-6; ISBN eBook 978-3-658-11591-3

S. Wachter/T. Zaelke: **Systemkonsolidierung und Datenmigration**
ISBN print 978-3-658-11405-3; ISBN eBook 978-3-658-11406-0

A. Györy/G. Seeser/A. Cleven/F. Uebernickel/W. Brenner: **Projektübergreifendes Applikationsmanagement**
ISBN print 978-3-658-12328-4; ISBN eBook 978-3-658-12329-1

HMD Best Paper Award 2013

A. Wiedenhofer: **Flexibilitätspotenziale heben**
ISBN print 978-3-658-06710-6; ISBN eBook 978-3-658-06711-3

N. Pelz/A. Helferich/G. Herzwurm: **Wertschöpfungsnetzwerke dt. Cloud-Anbieter**
ISBN print 978-3-658-07010-6; ISBN eBook 978-3-658-07011-3

G. Disterer/C. Kleiner: **Mobile Endgeräte im Unternehmen**
ISBN print 978-3-658-07023-6; ISBN eBook 978-3-658-07024-3

Springer Vieweg

Änderungen vorbehalten. Stand Mai 2016. Erhältlich im Buchhandel oder beim Verlag.
Abraham-Lincoln-Str. 46 . 65189 Wiesbaden . www.springer.com/essentials